高卒シングルマザーが わが子を UCLA特待生に育てた45の方法

高松ますみ
Masumi Takamatsu

かんき出版

はじめに

本書を手にとっていただき、ありがとうございます。

この本のタイトルは、『高卒シングルマザーがわが子をUCLA特待生に育てた45の方法』です。

誤解を招きやすいタイトルなので、最初にご説明しておきますが、本書はアメリカの大学「UCLA（カリフォルニア大学ロサンゼルス校）」に子どもを留学させる方法、もしくは海外留学のノウハウを指南する本ではありません。

わが子が「自分で夢や目標を見つけ、それに向かって自ら努力できるようになる」ための子育てメソッドを解説する本です。

変化の激しい時代、「いい大学に進学して、いい会社に入れば、いい人生を送れる」という成功の方程式はすでに過去のものになっていることを、ほとんどの親御さんが認識していると思います。

正解がない時代にお子さんが幸せな人生をつかむには、親が敷いたレールの上をただ歩むのではなく、自分で夢や目標を見つけ、その方向にレールを敷いて自己実現を目指すしかありません。たんに偏差値を上げるだけでは幸せにはなれないのです。

★ 小学2年生でアメリカ行きを決意した娘

まずは、本書を書くきっかけになった娘の話をさせてください。

わが家の娘は小学2年生のときに、アメリカの高校生活を描いたテレビドラマに感化され「高校からアメリカに留学したい。将来はアメリカで暮らしたい」と言うようになりました。

その夢は成長しても変わることはなく、娘は神奈川県相模原市の公立中学校を卒業後、ロサンゼルスの公立校、Palos Verdes Peninsula High Schoolに入学しました。アメリカは高校までが義務教育で、学区内にホームステイ先を見つけさえすれば、ほぼ無試験で入学できるうえ、学費も無料だったことがこの学校を選んだ大きな理由です。

高校入学後は、勉強だけでなく、校内活動、ボランティア活動などさまざまなことに取り組み、3年生のときに「全米優等生協会（ＮＨＳ：National Honors Society）」という組織に入会を許されます。これは、学業、奉仕活動、人格、校内でのリーダーシップなど、さまざまな観点から優秀だと認められた学生だけが入ることのできる組織です。

さらに、ＮＨＳのなかで特に優れた学生だと認められ、2年連続（アメリカの高校は4年制）で全米優秀生徒賞という賞までいただきました。

高校卒業後は、近隣のコミュニティ・カレッジ（大学）に進学。そこでトップの成績を収め、3年生のときにアメリカのナンバーワン公立大学である「カリフォルニア大学ロサンゼルス校」、いわゆるＵＣＬＡに特待生として編入します。

２０２３年夏に同校を卒業し、現在は日系企業のアメリカ法人立ち上げに参画しています。次ページの写真は娘の卒業式で撮ったものです。

2023年6月、UCLAの卒業式にて

ちなみに、上の息子も早稲田大学に入学後、交換留学生としてＵＣＬＡで学びました。

こう聞くと、「幼少期からさまざまな英才教育を施してきたのでは？」と考えると思いますが、わが家は母子家庭で教育費を元夫に負担してもらっている状態でしたので、勉強については学習塾が精いっぱい（ＵＣＬＡの学費も特待生のため免除されていました）。しかも私は高卒でしたので、日米の大学受験についての知見も持ち合わせていませんでした。

英語についても、週に2時間程度私が教えはしましたが、英会話学校に通わせていたわけではなく、中学校の英語の授業が9割という状況。ですから、留学当初は英語がほとんど話せず、本当に苦労したそうです。

ではなぜ、私はわが家の娘をアメリカナンバーワンの公立大学の特待生に育てることができたのか？

それは、アメリカで学んだ、「子どものポテンシャルを伸ばし、自己実現に導く子育て」をとことん実践してきたからです。

ここで少し自己紹介をさせてください。

★アメリカ式子育てと出合い衝撃を受ける

茨城県で育った私は高校卒業後、好きだった英語をどうしても習得したくて、親を説得しイギリスの語学学校を経て現地の専門学校に入学しましたが、日本での学歴は高卒です。イギリスから帰国後、英語・英会話教室を経営していましたが、その後結婚。上の息子が1歳半のころに、夫の転勤でアメリカ・バージニア州に移り住みました。引っ越し先は、山に囲まれた高級住宅地でした。

そのとき私は20代後半だったのですが、現地で出会った先輩ママたちは、私のことを「ベイビーママ」と呼び、親としての在り方、そして子どもとの接し方を親身になって教えてくれました。そして私はその話に衝撃を受けました。

なぜなら、**日本の子育てにおける常識や、詰め込み型の偏差値教育とはまったく異なる考え方だったからです。**彼女たちの話を聞くたびに、驚き、感心し、目から鱗をボロボロ落としました。

そんな彼女らに育てられた子どもたちは、どの子も自己肯定感が高く、自分のやりたいこと、進むべき道がはっきりしていました。塾に通っているわけではないのに、学業もみんな優秀で次々にエリート校に進学、そして独立していきました。

「私もこんな親になりたい！」と強く思った私は、彼女たちが行っている子育て法を1つひとつ分析し、メソッドに落とし込んでいきました。いつか日本に戻ることが決まっていたので、帰国後も再現できるようにしておきたかったからです。

それが、本書のもとになったメソッドです。

帰国後は、上の息子が6歳、下の娘が2歳のときに離婚。それ以来このメソッドを頼りに女手ひとつで2人の子どもたちを育ててきました（前述のとおり、教育費は元夫にも拠出してもらっていました）。

現在は子育て講座を主宰し、このメソッドを子育てに悩む多くの親御さんにお伝えしており、その数は延べ1万人を超えています。

以上がこれまでの私の経歴です（いろいろなことがありすぎて書ききれないことが大半ですが……）。

★子どもの「自己肯定感」を重視する子育て

本書でお伝えするメソッドを実践していただくと、お子さんに次のような能力が身につきます。

・幅広い物事に興味・関心を持つ好奇心
・失敗を恐れずに何度でも挑戦できるチャレンジ精神
・明確な目標を設定し、達成まで粘り強く行動できる向上心
・自分の考えを言葉にして主張できるコミュニケーション力
・まわりから信頼される生活習慣やマナー、思いやり

これらが、子どものポテンシャルを伸ばし、自己実現に導くのです。

そして、これらの能力の源泉となるのが「自己肯定感」。本編で詳しくお伝えしますが、自己肯定感とは、「自分は愛されていて、存在価値のある人間だ」と感じられることです。

本書でお伝えする子育てメソッドが、日本の伝統的な子育て法と大きく違うところは、この自己肯定感にフォーカスしているところです。

たとえば日本の場合、道端で抱っこをせがんできた子どもに対して「我慢しなさい」「自分で歩きなさい」と諭すのがいい子育てであると考えます。しかし、私が学んだアメリカの子育ては真逆です。アメリカの親の多くは、子どもがたとえ小学生であっても抱っこをせがんできたらそれを受け入れます。子どもの心が満たされるまで徹底的に甘えさせるのです。

これはほんの一例ですが、アメリカの親たちの多くは、もし同じことを日本でしたら「過保護」「甘やかし」などと後ろ指をさされそうなことを、当然のようにやってあげていました。

よく、「日本の子どもは欧米の子どもに比べて自己肯定感が低い」と言われる原因は、このアプローチの違いにあるのです。

本書では、このようなアメリカの子育てを日本でも取り入れやすいようアレンジしてお伝えします。すべて私の実体験がもとになっていますので、お金がかかるようなノウハウもありませんし、忙しい親御さんでも今日から実践できることばかりです。

私はこれまで、自身の主宰する子育て講座を通じてたくさんの親子と接してきました。そのなかで心底感じているのは、親が意識、声かけ、態度を変えれば、子どもたちは本来持っている力を自分で伸ばしていけるということ。そして、それはお子さんが何歳のときからでもはじめられるということです。

よく「他人と過去は変えられない」と言われますが、逆に考えれば「自分と未来は変えられる」とも言えるわけです。

私は、1人でも多くの子どもたちに、地球全体を舞台にして自分の人生を謳歌していただきたいと思っています。そのためには、「わが子にはそれができる」と信じ、応援できる親御さんが増えることが必要です。

本書があなたの子育ての悩みを少しでも解消し、お子さんが輝かしい未来を自分の手でつかみとるきっかけの1つになれば、これほど嬉しいことはありません。

2023年9月

高松　ますみ

もくじ

第1章

子育ての基本は「親子の信頼関係」を築くこと

第2章

子どもの心を満たす

第3章

アメリカで学んだ子どもの自己肯定感が爆上がりする方法

第4章 失敗を恐れない「チャレンジ慣れ」体質を育む

第5章 子どもの個性を引き出す好奇心と創造力の養い方

第6章

どこに行っても通用するコミュニケーション力の育て方

第7章

わが子を自立に導く「しつけ」のコツ

ブックデザイン：岩永香穂（ＭＯＡＩ）
ＤＴＰ：野中賢（株式会社システムタンク）

第1章

子育ての基本は「親子の信頼関係」を築くこと

★親子の信頼関係は子育てのベース

子育てをするうえで、何よりも大事な根幹となる要素があります。

それは、親子の信頼関係です。

これがなければ、どんなに教育費をつぎ込んでも、どれだけ勉強を頑張らせても、自己肯定感や自信、チャレンジ精神、好奇心、コミュニケーション力といった、人生をよりよく生きるために必要な根本的な能力が身につかないのです。

ところであなたは、ご自身とお子さんとの間に強固な信頼関係を築けていると思いますか？

「親子なのだから、あたり前でしょう？」と思った方も多いと思いますが、はたして本当でしょうか？　あなた自身がお子さんを100％信頼しているからといって、その逆も同じとは限りません。また、お子さんのことを信頼していると思ってはいても、心のどこかで信頼しきれていないということもあります。

私はこれまで、たくさんの親子関係についての相談に乗ってきましたが、悩みを抱えている親子の多くは信頼関係が崩壊していました。

事実、本当にちょっとしたことがきっかけで、子どもは親を信頼しなくなります。

たとえば、日本の家族はおたがいに大切な存在だとは思っているけれど、家のなかでは注意し合うことや反発し合うことが多く、家族以外の人に家族の愚痴を言うことも多いものです。あなたもお子さんの前で、近所の人などに「うちの子は本当に出来が悪くて……」などと言ったことがあるのではないでしょうか。

謙遜の文化がそうさせているのかもしれないし、ちょっとした話題提供のつもりなのかもしれません。**しかし、こういった何げない言葉が親子の信頼関係を傷つける原因の1つになっていることを自覚しなければなりません。**

★こんな人、あなたは信頼できますか？

では、「信頼関係を築けている」とはどのような状態のことでしょうか。イメージしてみてください。

信頼できる人とは、約束を守る、時間を守る、口を挟まずに話を聞いてくれる、思いやりがある、人の悪口を言わない、頼んだ仕事を正確にしてくれる、間違ったときには自分の非を認めて素直に謝る、困っていたら助けてくれる、こちらの未熟さを責めるのではなく応援してサポートしてくれる……、といったところでしょうか。

たとえば、こんな人が会社の上司や学校の先生だったら、注意やアドバイスを素直に受け入れられると思いませんか？　また、何かをお願いされたら、「期待以上に成果を出そう」と試行錯誤しながらイキイキ仕事に取り組めるはずです。

反対に、自分に不都合なときは適当に誤魔化し、約束は守らず、ドタキャンも多い。機嫌が悪いときはガミガミ理不尽に怒鳴りつけ、言い方はいつも横柄で命令口調、自分の話を押しつけてばかりでこちらの話はろくに聞いてくれない。こちらがミスをすると、理由も聞き入れずにくどくど説教して謝罪を強要する。また、過剰な課題を押しつけるくせに、質問しても面倒くさがって教えてくれない……。

こんな人が上司や先生だったらどうでしょう。まったく信頼できませんよね。

それどころか、嫌悪感が増して反発したい気持ちになるし、関わりすら持ちたくなくなるでしょう。結果ばかりを重視されているうちに、自分の能力を過小評価するようになり、やる気や自信も失い、職場や学校から逃げ出したくなることでしょう。

★子どもを変えようとする前に、まず親が変わろう

親子関係もまったく同じです。

親がガミガミ上司のような態度をとっているとしたら、子どもは親を信頼できなくなります。その結果、自己肯定感は下がり、自信も向上心も育たず、努力もできなくなる……。もちろん、自己実現への道も遠のきます。

実は、多くの親御さんが無意識のうちにガミガミ上司のように子どもに接しています。家事や仕事で忙しいからと、子どもとの約束を平気で破る。自分のことは棚に上げ子どもを叱る。イライラしていると普段は怒らないちょっとしたことでも子どもにあたってしまう。子どもが話しかけてきても、「あとでね」と伝えて結局話を聞かない……。

あなたにも思うところがあるのではないでしょうか？

子どもの悪態や、やる気のない行動が気になっているのなら、子どもを変えようとする前に、まず親が自分自身の言動を見直してみましょう。

子どものためにと思って頑張っていたはずなのに、いつの間にか親の自分軸でしか物事を考えられなくなり、言うことを聞かない子どもに対してイライラの感情をぶつけてしまう、自分の価値観を子どもに押しつける、つい命令口調になってしまう、といったことが続いているなら、あなたは子どもにとって「信頼できない嫌な人」になっているかもしれません。

そうなると、どんなにサポートしてあげようとしても「うるさい」「面倒くさい」「言いなりにはなりたくない」などと心を閉ざしてしまい、アドバイスを受けとる素直な気持ちがなくなるなど、負のスパイラルに入ってしまいます。

本章では、親子の信頼関係を構築するために最低限押さえておくべきポイントを4つ紹介します。もちろん、このほかにも信頼関係を築くための方法はたくさんありますが、それについては本書のなかで折に触れて紹介していきます。

01

親が小さな嘘をつかない

お子さんが「何かを買ってほしい」とか、「テレビを観たい」とせがんだとき、「また今度ね」「頑張ったときのご褒美にしようね」「あとでね」などと諭したけれど、癇《かん》癪《しゃく》のスイッチが入ってしまい収まらなくて困った、という経験はありませんか？

これは、親子の信頼関係が崩れかけているサインです。なぜなら、こんなことが起こるのは、普段、何げなく繰り返している親の小さな嘘のせいだからです。

親子の信頼関係を築く1つめの方法、それは親が小さな嘘をつかないことです。

普段、子どもに対して嘘をついているという自覚のある親御さんは少ないと思います。しかし、無意識に嘘をついているということがよくあるのです。

たとえば、「あとで一緒に遊ぼうね」と言ったのに、家事が忙しくて遊べなかった。「今日の夕飯は大好きなオムライスにしようね」と約束していたのに、卵を買い忘れて違うメニューに変更した。このようなことも、子どもにとっては立派な「嘘」です。

また、「もうご飯の時間だから、ゲームは食べ終わってからにしよう」と約束をしたのに、子どもが忘れていたため「しめしめ、忘れているから黙っておこう」と、親がリマインドせず、子どもが気づいたときにはもう寝る時間、といった経験をすると、「ママ（パパ）はすぐ嘘をつく」と思うようになってしまいます。

このような小さい嘘をつき続けていくうちに、「今度ね」や「あとでね」と言われても、その言葉を信じられず「このチャンスを逃したら二度と希望が叶わないのではないか」と焦り、癇癪を起こしてしまうのです。

★約束を具体化すると子どもは安心する

実は、わが家の子どもたちは癇癪をほとんど起こしたことがありません。それには理由があります。次のように子どもたちとの約束を明確にして、それを必ず守るようにしていたからです。

・また今度ね→来週木曜日の塾のあとね
・頑張ったときのご褒美にしようね→スイミングの10級に合格したらね
・あとでね→歯医者さんから帰ってきてから晩ご飯までの45分間でやろうね

このように、約束事を具体化してカレンダーに記入する、ホワイトボードに書く、メモ用紙に書いて渡すなど可視化していました。子どもは、安心チケットを手に入れたようなものですので、癇癪を起こさなくなりますし、それまで楽しみに待つことで、忍耐力と計画性も育ちます。

もし、子どものほうが約束をすっかり忘れていたとしても、「今日はこの前約束していたものを買う日だね。今日までよく我慢できたね」とか「テレビを観る約束の時間になったよ」と声をかけてあげることで、「親は約束を守ってくれる」と信頼してくれるようになります。もちろんこれは、未就学児など小さい子だけでなく、思春期の中高生に対しても同じです。

「叶えられないことは約束しない。約束したことは必ず守る」を親が徹底していくことで、親子の信頼関係を築くことができるのです。

02

「厳しさ」よりも「やさしさ」を重視する

「親が助けてばかりいると強くなれないのでは」と妄想し、何も教えていないのに、野生のライオンのように子どもを崖から突き落として「自分で考えてやってごらんなさい」と言うのがいい親だと勘違いしている人がいます。

しかし、親子の信頼関係を構築するために必要なのは、「厳しさ」より「やさしさ」です。なぜなら、人は自分を助けてくれる人を絶対的に信頼するからです。

たとえば、わが家では保育園の準備をする際、水筒やお弁当以外は前日に一緒に点検しながら準備するようにしていました。疲れていそうなときは無理強いせずに私が全部準備してあげたこともあります。

小学校に入学してからも、しばらくはお手紙や連絡帳を見て、子どもと一緒に翌日の準備をすることも多かったですし、日曜日の夜には、体操服や給食の白衣などを玄関に置いてあげていました。

また、わが家には、子どもたちの水筒やお弁当箱がいくつもありました。出し忘れや洗い忘れ、園や学校に置き忘れてくることを想定していたからです。

「自分で出さなかったら洗ってあげない」という人もいます。わが家でも自ら出しておくか、声かけして出してもらうのが基本でしたが、忘れていても怒ることはしませんでした。こういった日常的な手助けが、親子の信頼関係をより強固なものにしたのは間違いありません。

★親の意地悪は不要

「昨日、水筒出してなかったから洗ってないよ」
「洗濯カゴに体操服を出してなかったから臭いまま持っていきなさいよ。洗ってほしかったら金曜日に出しておきなさい」

あなたは、お子さんに対してこんなことを言っていませんか？

「自分のことは自分でできるようになってほしいから」「反省させて、自分からやるようになってほしいから」そうしている、という人もいらっしゃることでしょう。

また、「私の仕事を増やした」、もしくは、「親に対する感謝の気持ちが感じられない」という腹立たしさから、このような言動になってしまうこともあるかもしれません。

しかし、**こういった声かけは確実に子どものエネルギーを奪いますし、「意地悪されるからやる」「怒られるからやる」という動機では、子どもの自立心は育ちません。**

そして、前述したガミガミ上司と同じで、子どもは親を信頼できなくなります。

「もっと私のことを気遣ってほしい」「やっていることに感謝してほしい」と思うなら、まず信頼関係を再構築しましょう。

★子どもの頑張りをやさしい言葉で労おう

そもそも子どもたちの生活は、毎日とても忙しくて大変です。

学校ではお勉強をするだけでなく、先生やお友だちとの人間関係もあります。体育の時間に体を動かすだけでなく、登下校でも長い距離を歩きます。放課後には塾や習い事がある場合もありますよね。もちろん宿題もありますよね。中学生になれば、それに加えて部活動も始まり、先輩との上下関係での緊張もあることでしょう。

親が自分中心に考えて、「仕事を増やした」とか、「洗ってくれることへの感謝の気持ちがない」と責めるよりも、やさしい言葉で労って、応援しながら送り出してあげるほうが、素直に感謝する気持ちが芽生えます。

「水筒出しなさい！」というキリキリするような言い方ではなく、「今なら水筒受けつけますよ〜」といったやさしい声かけで促してあげれば、「ごめんね、出し忘れていたわ」と素直に出してくれる気持ちになりますよね。

毎日清潔な水筒にお水が入っていること、おいしいお弁当が用意されていること、毎週月曜日にきれいな体操服や上履きが準備されていることを、子どもはあたり前のように感じているかもしれません。そこでひと言、「今日もおいしいお水とお弁当を用意したから頑張ってね」とか、「今週も楽しんで行ってらっしゃい！」などのやさしい応援の言葉と笑顔で送り出してあげれば、子どもにとってエネルギーになります。

家族は助け合い、応援し合う仲間なのですから、相手が気持ちよく行動できるようにしてあげる声かけを心がけ、先に愛情を与えていけば、子どものやさしい心も育つし、何よりも、毎日同じことでケンカして家庭内に嫌な空気が広がることもなくなるでしょう。

★親が黙ってやってしまうのはNG

ただし、子どもが困っていないのに、親が何も言わずに手を出してしまうのはNGです。これでは自分でやろうとする気持ちが育たなくなってしまいます。何かをやってあげたときは、「今日は疲れているみたいだから、○○をやってあげるね」など、なぜそれをやってあげるのか行動の意味をきちんと伝えましょう。

そうすることで親の愛情も伝わりますし、感謝の気持ちや人に対するやさしさも育つのです。

03

子どもの秘密は絶対に守ってあげる

子どもから、「内緒にしてね」と秘密を打ち明けられることがあります。**こういった場合、たとえその内容が他愛のないことだったとしても、周囲に触れまわらないことが大切です。**

たとえば、お母さんが子どもから「同じクラスの○○君が好きなんだ。絶対誰にも言わないで」と言われたとします。その晩、帰宅した夫にそのことを何げなく話してしまい、翌朝夫がニヤニヤしながら「○○君のことが好きなんだって?」などと子どもに聞いてしまったとします。

大人から見ればたいしたことではないかもしれませんが、子どもにとっては一大事です。たったこれだけのことでも親子の信頼関係は悪化してしまいます。

子どもの秘密を夫婦間で共有する際は、「情報を共有したことは、子どもには絶対内緒」ということを貫いてもらうようにしましょう。

★家庭外の問題でも秘密が守られるよう配慮する

家族間の問題であればそう難しいことではないですが、いじめやトラブルなど、友人関連の問題で先生に連絡、報告しなければならないこともあります。

その場合、いくら子どもが「内緒にしてね。先生に言わないで」と言ったからといって、そのまま放置してはいけません。3〜4日様子を見ても状況が好転しない場合は、先生に相談すべきです。

ただ、その際は、子どもから「内緒にしてほしい」と言われていることを説明しておくこと。そして、「子どもとの信頼関係を失いたくないので」と、ひと言伝えておくことも忘れないようにしましょう。

04

アドバイスを押しつけるのではなく「傾聴」と「共感」を心がける

子どもが悩み苦しんでいるとき、心が弱っているときに、親がどれだけ寄り添って話を聞き、共感してくれるかで、親に対する信頼の度合いが変わります。

大人だって、弱っているときには黙って話を聞き、共感してくれる人を信頼しますよね。逆に、不安なときに寄り添ってもらえずに放置されると、「自分は大切にされていない」という気持ちになります。

私は、子どもたちが進路や人間関係で悩んだとき、辛く悲しく心が弱ってしまったときは、家事や仕事は二の次にして、話を聞くことを優先するようにしていました。

親として、「いちばん信頼できる心の支え」になりたかったし、子どもに「弱い自分も受け入れてもらえる」という安心感を与えることで、自己肯定感を高めたいとも思っていたからです。

うまいアドバイスや助言は必要ありません。子どもたちが弱音を吐いたときに、味方になって話を聞いてあげるだけでいいのです。

中高生になれば、悩みや不安をアウトプットし続け、思考の整理ができると、「ありがとう。スッキリしたわ」と離れていきます。その結果、わが家では子どもたちの心が不安定な思春期でも、親子の信頼関係が揺らぐことはありませんでした。

★「尋問」にならないよう注意する

傾聴は思春期だけでなく、幼少期の子どもとの信頼関係を築くためにも有効です。ただし、小さな子どもの話を聞く際には注意が必要です。

小さな子どもは、毎日のようにきょうだいゲンカやお友だちとのトラブルなどを親に訴えてきますが、言葉が拙《つたな》く、なかなか伝わらないこともあります。その際、親が「何が起きたのかを知りたい」という自分軸で聞いてしまうと、問題解決を急ぐあまり、強い口調で「で、結局何が言いたいの？」とか「何があったのか、ちゃんと説明して！」などと、尋問型の事情聴取になりがちです。

しかし、そのあたりの事情を理解できない子どもからすると、「怒られるのではないか」「責められるのではないか」「嫌われてしまうのではないか」という不安から、話したくない気持ちが強くなってしまい、黙ったり、泣いたり、ときには嘘をついたりしてしまいます。

子どもがうまく話せないとき、親はそれを責めてはいけません。信頼できる味方として、子どもの心のなかで絡み合っている不安や戸惑いを、ていねいにやさしくときほぐしてアウトプットさせる役になりきることが大切です。

★ 子どもが話したくなるタイミングをひたすら待つ

もう1つ、気をつけるべきことは、親のタイミングで話を聞こうとしないことです。

親からすると、子どもが帰宅したらすぐ「今日はどうだった？　何をしたの？」と、聞きたくなるものです。しかし、子どもからしたら、帰宅直後は疲れていてゆっくり甘えたいし、遊びたい気持ちもあり、話す気になれません。大人だって、仕事から帰った直後にパートナーや子どもにあれこれ聞かれたら、「今は疲れているからあとにして」となりますよね。

にもかかわらず、「何があったのかを知りたい！」と聞き出そうとすると、子どもは話すこと自体が面倒になり、「わかんない」とか「忘れた」となりがちです。するとそれに対して親がイライラしてしまい、ますます尋問型の事情聴取になってしまいます。

子どもとの会話を増やすには、子どもが話したいタイミングを大切にすることがポイントです。

そこに気を配れば「親に話を聞いてもらえてよかった」と思えて会話も広がりますので、話したがらないときは焦らずに待ちましょう。

わが家の場合は、帰宅してすぐのときもあれば、ご飯を食べながら、寝る直前のときもありました。部活や塾で帰宅が遅くなったときは、私がお風呂に入っているときに脱衣所まで追いかけてきて扉越しに弾丸トークしていたこともありました。

せっかく子どもが話しかけてきたときに、忙しさにかまけて適当に聞き流しながら曖昧な相槌を打っていると、「どうせ私の話なんて聞いてくれない」とか、「言わなきゃよかった」と感じて、どんどん話をしようとしなくなりますので、タイミングを逃さないことがポイントです。

ここまで、親子の信頼関係を築く方法を4つ紹介しました。どれも簡単なことですが、日ごろから意識していないと、つい軽視してしまったり、忘れてしまいがちですから、ぜひ何度か読み返して覚えていただければと思います。

また、親子の信頼関係は、本書のテーマである「子どものポテンシャルを伸ばし、自己実現に導く子育て」のベースになる大切な要素です。ここで紹介した4つ以外にも信頼関係を築く方法はたくさんありますので、第2章以降でも折に触れて紹介していきます。

COLUMN 1

子育ても立派な人生のキャリア

「毎日子育てしかしていないと、社会から取り残されている気がして辛い」

よく、こんな相談を受けます。子育て中のママはもちろん、最近では長期の育休を取得するパパも徐々に増えていますから、こんな焦りを感じている人は少なくないのではないでしょうか。

私も同じように思った経験があります。元夫の海外赴任に伴い、アメリカに引っ越したときのことです。就労禁止の帯同ビザで渡米したので、その期間は働くことができず、いわゆる専業主婦をしていました。

アメリカでの生活はとても楽しかったのですが、毎日同じことの繰り返しに思える生活は、自分の人生のキャリアを犠牲にしているようにも思え、焦りを感じていました。今思えば、そのころの私は子育てを楽しめていなかったように思います。

しかし、アメリカで出会った先輩ママたちの、「キャリア」に対する考え方を聞いて、思考がガラリと変わり、子育てを100%楽しめるようになりました。

★子育てのために仕事をスパッと辞めるアメリカのママたち

渡米してしばらくしたころ、仲よくなった先輩ママたちが「ガールズナイトアウト」という会に呼んでくれました。これは、子どもをパパに預けて女性だけでディナーに行くイベントです。そのときは10人近くのママが参加していたのですが、みなさん有名大学や大学院を卒業していて、仕事も大学教授や弁護士、一流企業の管理職など誰もが羨むようなキャリアを歩んでいる人ばかりでした。

私がそれ以上に驚いたのは、子育てのためにこれらの仕事をスッパリ辞めたという人が何人もいたことでした。

私はつい、「せっかく高い教育を受けて、そんな素敵なお仕事をしていたのに、専業主婦をしている現在の自分に満足できるのですか？　焦りはないのですか？」とストレートに聞いてしまいました。

するど、ある先輩ママが、「母として子育てができるこの期間は、私の人生の誇れるキャリアの１つになるわ」と言ったのです。

さらに、こんなことも教えてくれました。

「今までは私自身の知識を増やし、人生を豊かにするために学びを深めてきたし、社会の役に立ってきたので、仕事を辞めたからといってこれまでのキャリアが無駄になったわけではないの。今はその知識や経験をもとに子どもたちの人生が豊かになるよう育てていくことが、大切な社会貢献だと考えているわ。それに、子育てが一段落したら、また仕事のキャリアを積んでいくつもりだから、今は焦っていないのよ」

また、子育てをしながらフルタイムで働いている先輩ママは、こんな話をしてくれました。

「私は社会人と母というダブルキャリアを積むことで、同時に2つの社会貢献をしていると考えているから、今の生活スタイルに誇りを持っているの。また、子どもと過ごす時間が短いことに引け目を感じないよう、一緒にいる時間のクオリティが上がるよう、つねに気をつけているのよ」

私はこれらの話を聞いて、社会人として仕事をすることだけが「キャリア」なのではなく、家庭のなかでの子育ても立派な人生のキャリアなのだということに気づきました。そして考え方しだいで自分自身も豊かに成長でき、人生をより輝かしいものにできるということにも気がつきました。

その日以降、私のなかから焦りやモヤモヤは消え、子育てを存分に楽しめるようになりました。

ちなみに、そのとき話を聞かせてくれた先輩ママたちは、子どもが10歳くらいになったころから復職しはじめ、以前の仕事に復帰したり、出産前とは別の仕事に就いたり、恵まれない子どもたちに勉強を教える教育ボランティアになるなど、さまざまな道を歩み、60歳、70歳になった今でも現役でバリバリ働いています。

そして、そんな彼女らに育てられた子どもたちもみんなエリート大学に進み、医師、エンジニア、建築家など、それぞれの道を進んでいます。

なかには結婚して子どもができ、親と同じように専業主婦になったり、仕事をしながら子育てを楽しんだりしている子もいます。

第2章

子どもの心を満たす

★「子どもの自己実現」は心を満たすことからはじまる

アメリカの心理学者アブラハム・ハロルド・マズローが提唱した「マズローの欲求五段階説」をご存じでしょうか？

これは、左記の順番で欲求が満たされると、人は次のステージに上がることができるという理論です。

1 **生理的欲求**：食事、睡眠、排泄

2 **安全欲求**：健康、安心できる家、金銭

3 **社会的欲求**：家族、友人、会話、相談相手

4 **承認欲求**：愛されたい、褒められたい、尊敬されたい、感謝されたい

5 **自己実現欲求**：頑張りたい、夢を実現させたい、自分らしく生きていきたい

講演会やセミナーなどで、「お子さんにどのような人に育ってほしいですか？」と

質問すると、多くの親御さんから次のような答えが返ってきます。

・自分らしく、個性豊かに伸び伸びと育ってほしい
・夢や目標を見つけて自分の人生を楽しんで生きてほしい
・やる気に満ち溢れて、目標を達成するまで諦めずに頑張る力をつけてほしい

私自身も子どもが産まれたときに同じように考えていました。これらは、「マズローの欲求五段階説」で言えば、「5 自己実現欲求」にあたります。

つまり私たち親は、1～4の欲求を満たすことで、「自分らしく生きていきたい」「目標に向かって頑張りたい」「夢を実現させたい」など、子どもの自己実現に対するエネルギーを育んであげられるということです。

ところが、多くの日本人は、4の承認欲求を満たすことが苦手です。

ここで言う「承認欲求」とは、「愛されたい」「褒められたい」「尊敬されたい」「感謝されたい」など、他者から認められたい、自尊心を満足させたいという欲求のことです。

★人前で自分の子どもを〝べた褒め〟できますか？

承認欲求を満たすためには「心を満たすこと」、そして「自己肯定感を上げること」の2つが必要です。

たとえば、あなたは5歳のお子さんと買い物に出かけた帰りに、「抱っこして」と言われたらどうしますか？　多くの場合、「自分で歩きなさい！」と言うと思います。

また、あなたは自分の子どもをママ友、パパ友の前で「うちの子は本当にかわいくて、賢くて、しかもやさしいのよ」などと、手放しで褒めることができますか？　ちょっと抵抗がありますよね。私たち日本人は、謙遜の文化が刷り込まれているため、褒めることも、褒められることも苦手です。

しかし、これらは私が暮らしていたアメリカではあたり前のことでした。アメリカで出会った親たちは、子どもの甘えたい心を正面から受け止め、まわりの人に対して自分の子どものことを堂々と褒めていました。

よく、日本人の自己肯定感は欧米に比べて低いと言われますが、私はこの違いが大きな原因だと考えています。

私は、子育てが終わってから「マズローの欲求五段階説」を知ったのですが、今振り返ってみると、わが家の子どもたちの自己実現のエネルギーが強い理由は、私がしてきた子育ての方法が、それに準じていたからだと確信しています。

その基本は、**「子どもたちの欲求にていねいに向き合い心を満たすこと」**、そして**「自己肯定感を高めるための陰のサポート」**です。

結果的にそれが、英語も話せない中学生の娘が「私にはできる」とアメリカに飛び込んだ高い自己肯定感と、「ＵＣＬＡで特待生に選ばれる」という高い目標を実現する力になったことは間違いないでしょう。

私たち親はつい、「子どもに何をさせたらいいのか」と考えがちですが、それよりも先に、「親が子どもに何をしてあげられるか」が大切です。子どもには惜しみなく愛を与え、褒めてあげて、感謝の気持ちも表して心を満たしてあげましょう。

ここからは、私が実際にやってきた承認欲求を満たす子育て法を紹介していきます。

まず第２章では、「子どもの心を満たす方法」について解説していきましょう。

05 子どもの「甘えたい」欲求は全力で受け止める

時折、公園でお友だちと遊ばずに、ずっと親にくっついている子がいます。日本では、こんな子に対して「甘えん坊」という言葉を使います。どこかネガティブな感じがする言葉ですし、親は「このまま子どもが自立できなくなったら大変」と焦る気持ちから、無理やり引き離そうとしたり、お友だちと遊ぶよう促したりしがちです。

ときには、親から離れるきっかけを作ってあげることも大切ですが、子どもが精神的に不安定なときには、親がしっかり受け止めてあげる必要があります。このことを、心理学の世界では「愛着形成」と呼びます。愛着形成とは、子どもが不安を感じたときに、親などの信頼関係がある人にくっついて安心しようとする行動のことです。

子どもは、不安な気持ち、愛情を求める気持ちなどを「甘え」という形で表現します。それを親がしっかり受け止め、愛着が形成されると、自立心や自尊心が育ち、自

己肯定感も上がります。その結果、人間関係などの社会性も身につくのです。

逆に、親が子どもの気持ちに寄り添わず、「甘え」を許さないと、愛着形成がうまくいきません。すると、自己肯定感は下がり、ひどい場合には他者とコミュニケーションをとりづらくなったり、心身の発達に悪影響を及ぼすこともあります。最近耳にすることが増えた「愛着障害」という言葉がまさにこれにあたります。

子どもの自立を願うなら、「甘え」を受け入れたほうが結果的に近道なのです。

★「甘え」を受け入れることは悪いことではない

とはいえ、日本では、子どもを甘えさせることに対して抵抗や不安を持つ人が多いのも事実です。しかし、「子どもの不安を取り除くために、しっかりエネルギーチャージをさせてあげよう」と考えれば、抵抗はなくなります。

「自分は愛されている」「自分には守ってくれる存在がいる」「自分には居場所がある」といったことを確認できれば、子どもは安心して親から離れて行動できるようになります。本人が自ら離れていけるようになるまでは、無理をさせずにくっついていてあげればいいのです。

★思春期の「甘え」も全力で受け止める

「子どもの甘えを受け止める」と聞くと、幼少期に限ったことだと思いがちですが、思春期の子どもに対しても同じです。うちの娘も中学生のころは、精神的に疲れたり、友人関係で不安を感じたりすると、よくハグをしにきていました。**思春期こそ精神的に不安定な時期なので、しっかりと受け止めてあげる必要があるからです。**

「そんな歳でハグ⁉」とびっくりする方もいらっしゃると思います。私自身、以前はそう考えていました。

その考えが変わったのは、アメリカに住んでいたときに、近所の子どもたちが日本では考えられないくらい親に甘え、それを当然のように受け止めている親を数多く目にしたからです。

たとえば、中学生の女の子がパパに抱っこしてもらいながら友人関係の悩みを相談したり、高校生の男の子がママの肩に手をまわしながら学校での出来事を話したりしていました。

アメリカに引っ越すまで、私はそんな親にベタベタ甘える思春期の子どもを見たことがなかったので、最初見たときはドキドキしましたし、カルチャーショックを受けました。

とはいえ、彼ら、彼女らは四六時中親に甘えているわけではありません。ひととおり話を聞いてもらって満足すると、すぐに「宿題やらなくちゃ」と言って勉強部屋に消えていきました。また、そのとき出会った子どもたちは、みな成績も優秀で、自立心が強く、自己肯定感が高かったことも印象に残っています。

自然なスキンシップを含めて、子どもが満足するまで「甘えさせる」ことで、心が満たされて、愛着関係が形成される。それが精神的な落ち着きにつながり、子どもが自ら離れていけるようになるのだと理解してから、私も安心して子どもを甘えさせられるようになりました。

06

「我慢強い子」に育てることよりも、心を満たすことを優先する

あなたは、外出中にお子さんが「抱っこして」と言ってきたら、躊躇《ちゅうちょ》なく抱っこできますか？

日本の親は、子どもが泣きながら「抱っこしてほしい」と訴えても、「自分で歩きなさい」とか「ワガママ言わないの」と頑張らせようとしがちです。

泣きながらトボトボ歩いている子を、「私は『頑張るいい子』を育てている」と勘違いしている親が本当に多いのです。しかし、子ども自身は、親に甘えを受け入れてもらえないから仕方なく歩いているだけで、主体的に頑張ろうと思って歩いているわけではありません。

こうした経験が積み重なると、「どうせ自分の訴えは受け入れてもらえないし、大切に思われていない存在だ」と勘違いして自己肯定感や自尊心が下がってしまいます。

さらに、いじめられたときや、傷ついたとき、何か困ったことが起きたときでも、親に助けを求められず、1人で抱え込みパンクしてしまうこともあります。

もし、「子どもに我慢させすぎているかも？」と思ったら、こちらから「抱っこしてあげようか？」とやさしく聞いてみてもいいでしょう。そこで嬉しそうに甘えてくるようなら、これまで甘えたい気持ちを抑えてきたのかもしれません。

そのときは、ぜひ甘えたい気持ちをしっかりと受け止めて、心を満たしてあげてください。

これまで厳しい子育てをしてきた方にとっては、抵抗や不安があると思いますが、子どもの表情や態度が明るく変化してくるのを楽しみながら続けてみましょう。

★信頼関係が無理強いをなくす

もし、大きな荷物を持っているときなど、抱っこできない状況の場合は子どもに我慢してもらわざるを得ませんし、無理に抱っこしてあげる必要もありません。

そんなときは、「抱っこしてほしいんだね」と、甘えたい気持ちを受け止めてから「このお荷物があるから、今はおうちまで運ぶのを応援してママ（パパ）を助けてくれるかな？」と、今抱っこできない理由を説明します。そのうえで、「おうちに着いたら、いっぱい抱っこするね」と目標を設定することで、心を満たすことができます。

もちろん、家に着いたら、「頑張って歩いてくれたね。待っていてくれてありがとう」と我慢できたことを褒めてから抱っこしてあげましょう。

このように、普段から可能なときにはしっかりと甘えたい気持ちを受け止めて心を満たしてあげていれば、信頼関係が築かれていくので、我慢しなければならない状況だとわかったときには、駄々をこねることがなくなります。

前章では、信頼関係の大切さについてお伝えしましたが、こういうときにも効果を発揮するのです。

07

「甘やかす」と「甘えさせる」は違う

ここまで読んで、「子どもの要求を無制限に受け入れたら、ワガママな子に育ってしまうのでは?」と不安になった人もいらっしゃるのではないでしょうか。そう思うのは、「甘やかす」と「甘えさせる」の違いがよくわかっていないからです。

私自身も、アメリカに渡る前まではこの違いがわからなかったため、「きちんと自立した子に育てなければ」と、1歳だったわが子をなるべく甘やかさないようピリピリしていました。では、両者の違いはどこにあるのでしょうか?

「甘やかす」とは、突然ねだってきたものを言われるままに買い与えてしまうことや、まわりに迷惑をかけてまで子どもの言いなりになってしまうことです。物欲や独占欲など承認欲求とは別の欲望を満たすこと、と言ってもいいでしょう。これでは、ただのワガママを育てることになってしまいます。

一方の「甘えさせる」は、子どもの要求をすべて飲むことではありません。子どもの心を満たす行為です。

「抱っこしてほしい」「絵本を読んでほしい」「手伝ってほしい」など、子どもが親との関わりを求めてきたときに、その欲求を叶えることで心を満たすわけです。

こういった欲求については、何歳になっても応じていいのです。そのせいでワガママな子に育つことはありません。むしろ、次のようなメリットがあります。

- **自分の弱さを見せられる安心感から親を信頼できるようになり、情緒が安定する**
- **人の弱さを理解することで、まわりの人の「甘え」も受け入れられ、やさしく育つ**
- **「自分は無条件で愛されている」という自己肯定感が高まり、意欲が湧く**

前述した「マズローの欲求五段階説」のように、心が満たされることで、自立、そして自己実現に向かうエネルギーが生まれることを理解していただけると思います。

私自身が、それを実感したエピソードがあります。

★朝のサポートが自発的な行動につながった

お子さんが朝の支度をしないことにイライラしてしまうこと、ありませんか？

私も離婚直後は、慣れないフルタイムワークをしながらのワンオペ家事でしたので、イライラすることがよくありました。ですから、着替えや歯磨き、登園の準備など、毎朝のルーティンを自分でやってほしいと思っていました。

ある朝、出勤の準備をしていたところ、娘が「着替えさせて」と甘えてきました。しかし、その日は私の段取りが悪かったせいでとても焦っていて、つい「自分でやって！　早くしなさい！」と、娘にあたってしまったのです。

その後、保育園への車中、後部座席のチャイルドシートに座っている娘の目に涙が浮かんでいるのを見たときに、アメリカで出会ったママたちの余裕のあるやさしい姿をふと思い出し、私は自身の意地悪な態度を反省しました。

私はこの日を境に考えを改め、朝、子どもに辛くあたるのをやめました。

具体的にどうしたかというと、子どもの甘えたい気持ちを受け止めるために、時間管理を見直し、自分が先に出かける準備をすませたうえで、娘の着替えやヘアセットを手伝うことにしたのです。

娘が「手伝って」と言ってきたら「いいよ。手伝ってあげるよ」と即返事をして、「自分でやろうと思えるまで、喜んでお手伝いしますよ」「気持ちよくお着替えできたら、保育園で頑張れるもんね」などと、気持ちが晴れて、自立へのエネルギーが湧くような応援の声かけをして、楽しいコミュニケーションの時間に変えました。

もちろん、私の負担は増えました。しかし、もしあのまま娘の気持ちを受け入れず、「自分でお着替えくらいできるでしょ?」「だから早くしなさいって言ったでしょ！グズグズしてのろまなんだから！」などと、毎日怒鳴りながら人格を否定していたら、娘の心は満たされないだけでなく、自尊心が傷つき私から嫌われていると勘違いしたでしょうし、自己肯定感も低くなる一方だったと思います。

★心が満たされれば自ら動けるようになる

結局、このお着替えのお手伝いは長くは続きませんでした。甘えることに満足した娘が、自分で準備するようになったからです。

忙しいときに甘えてくる子どもを煩わしく思ってしまうことは誰にでもあります。しかし、そこを乗り越えて3カ月ほど笑顔でお手伝いを続けていれば、子どもの心が満たされて、「自分でやってみたい」という自発的なエネルギーが芽生えてきます。

もし、それでも自分でやろうとしない場合には、お子さんが朝の準備は親がやるものと勘違いしている、もしくは怠惰になっている可能性もありますので、「今まではママ（パパ）がお手伝いしてきたけど、もうあなたは自分でお着替えできるエネルギーがあるよ」と笑顔で確認してみましょう。

それでも「嫌だ、ママ（パパ）とお着替えしたいし、面倒くさい」と言われたら、「ママ（パパ）に頼らなくても、もうあなたは自分でできるし、その面倒な気持ちを乗り越えていける力を育てていこうね」と応援しながら、少しずつ1人でできるようサポートしていきましょう。

心が満たされていれば、素直に提案に乗って、いずれ自分でやるようになります。

このように、子どもの甘えたい気持ちを受け止めることは、ワガママな子どもを育てることにはなりません。むしろ、自発的なエネルギーを生み、自立や自己実現につながっていくのです。

08

ネガティブな話ほど真剣に聞き「人の悪口」も受け止める

小学校低学年から思春期にかけての子どもの心を満たす方法の1つとして、子どもの話、特にネガティブな話に真剣に耳を傾けるというものがあります。

私たち親は、子どもの楽しい話、嬉しい話、頑張った話、自慢話など、ポジティブな話を期待しがちです。**しかし、子どもが本当に聞いてほしいのは、そんな話ばかりではなく、友人の悪口や学校への不満、悲しかったこと、辛かったこと、怒りをぶつけたいことなど、ネガティブな話であることも多いわけです。**私たち大人が、友人やパートナーに聞いてほしいことも、大半が愚痴や不満ではないでしょうか。子どもの心を満たすためには、そんなネガティブな話にも親が耳を傾けることが大切です。

ところが、そんなネガティブな話題が子どもの口から出てくると、

・ネガティブな話は自分も嫌な気持ちになるから聞きたくない
・すぐ弱音を吐く人間にはしたくない
・人の悪口を言う子になってほしくない
・わが子のワガママな言い分にイライラする
・悲しみや辛いことに耐える強い心を育てたい

などと、親都合で考えて、話を止めてしまう人もいるのではないでしょうか。

しかし、よく考えてみてください。家で本音や弱音を吐けなかったら、どこでその気持ちを処理すればいいのでしょう。

子どもがネガティブな感情を言葉にすることを止めてしまったら、気持ちの整理ができません。もちろん心は満たされませんし、心のなかや思考を整理する方法を学ぶこともできません。ひどい場合は、精神的にパンクして不登校や暴力、暴言、摂食障害など重大な事態になってしまうこともあります。

このように、ネガティブなことも含め子どもが自分の感情を言葉にし、それを親が受け止めることはとても大切なことなのです。

★問題解決の方法を押しつけるのではなく、聞き役に徹する

心のなかのモヤモヤを打ち明けられる場所、すべてを受け止めてもらえる安心・安全な場所があるのは子どもにとって救いです。

ですから、子どもが正直な気持ちを話してくれたときには、親としての感情は脇に置いて、「そう思うんだね。話してくれてありがとう」とやさしく受け止めてあげるようにしましょう。**これまであまりネガティブな話をさせてこなかった家庭でも、これを続けることで、子どものなかに「1人で苦しまなくていいんだ」という安心感が生まれ、少しずつ本音を吐き出せるようになります。**

親がいちばん心配するのは思春期の友人関係でしょう。いじめなどのトラブルに巻き込まれるのではないかと気になりますよね。

わが家の娘は中学1年生のときに、クラスメイトから仲間外れにされるいじめを受けたことがあります。その時期は毎日のように、学校や友人の愚痴や不平不満をたくさん聞いていましたし、私も娘の感情に共感しながら不満を言っていました。それと

同時に、いじめの加害者の心理や性格について考え、相手のいい点やこちらが改めるべき態度などについても話し合いました。

特に思春期は、友人関係以外にもさまざまな悩みを抱えることが多い時期ですので、心のなかにあるモヤモヤをとにかく全部アウトプットさせ、スッキリと浄化してあげることが必要なのです。

当然ですが、目的は人の悪口を思う存分言わせてスッキリさせることではありません。話をすることで、自分の気持ちを整理、理解し、相手や自身の言動、思考を違う角度から見たり考えたりできるようになることです。

コツは、やさしくユーモアを交えて話すことと、休息をとりながらゆっくり傾聴してあげること。そして、問題解決の方法を押しつけるのではなく、子どもの〝親友〟のような視点で話を聞きながら、子ども自身に自分の本当の気持ちや状況を客観的に整理させることです。

これを繰り返していくことで、最終的には親に相談しなくても、さまざまな問題に対処できる能力が身につきます。親の傾聴と共感を通じて、愛という栄養をたっぷり与えることで心が満たされて成長していくのです。

09

「貸して vs 貸さない」問題は、先に使っていたほうを尊重する

きょうだいやお友だちとのトラブルで多い、「貸して vs 貸さない」問題。経験したことのある人も多いことでしょう。

たとえば、子どもを公園のお砂場で遊ばせているとき、ほかのお友だちが自分の子どもが使っているシャベルやバケツを「貸して」と言ってくることがあると思います。

このとき、あなたはどういう対応をするでしょうか？　実はこの対応の仕方には日米で大きな差があります。

日本には、「貸して」と言われたらすぐに貸さなければいけないという暗黙のルールがあります。**子どもが楽しく遊んでいるのに、親が「貸してあげなさい」と取り上げて、相手に渡してあげることが、わが子の我慢強さや、やさしさを育てることだと勘違いしている人が非常に多いのが現実です。**

たとえば、2人以上お子さんがいる家庭では、次のようなやりとりがよく起こっていませんか？

日本

1 **弟**：貸して！
2 **兄**：嫌だ！
3 **弟**：〈泣く〉
4 **母**：もうずっと使っていたんだから、貸してあげなさい！
5 **兄**：嫌だ！
6 **母**：お兄ちゃんなんだから、いいから貸してあげなさい！
7 **母**：〈お兄ちゃんから取り上げて弟に渡す〉
8 **弟**：〈嬉しそうに遊ぶ〉
9 **兄**：〈不貞腐れる〉

もし、あなたが読書を楽しんでいる最中に、急に「その本貸して」と言われたら、嫌な気持ちになるでしょう。読み終わるまで待っていてくれない相手の態度を疑問に思うでしょうし、ほかの人が介入してきて「貸してあげなよ。あなたやさしくないね」と正義感たっぷりに言われたら、理不尽に思うことでしょう。子どもの遊んでいるものを取り上げてほかの人に貸してしまうのもこれと同じことです。

これでは、弟の遊びたい気持ちだけが尊重されてしまいます。先に遊んでいたお兄ちゃんの遊びたい気持ちは尊重されないうえ、悪者扱いまでされる結果になります。

さらに、年上の人間に我慢を強いる母と、年下を武器にする弟に対して不信感がつのります。また、弟は「ほしいものは泣けば奪いとれる」ということを体得すると同時に、兄を敬う気持ちも薄れます。

逆に、自分が楽しんでいることを相手が尊重してくれて、満足するまで待っていてくれたらどうでしょう。むしろ、自発的に「この楽しみを分かち合いたいから、貸してあげる」という思いが生まれるのではないでしょうか。

これが、私の見てきたアメリカ人の一般的な対応です。

私にも経験があるのですが、ある日、公園のお砂場で遊んでいたとき、隣で遊んでいるお兄ちゃんのシャベルを使いたくなった息子が「貸して」と言ったことがありました。私は、当然貸してくれるだろうと思って見守っていたのですが、その子のお母さんに「今はこの子が使っているから、終わったら貸してあげるね」とあっさり断られてとても驚いたことがあります。

兄弟でのやりとりを例に挙げると次のようなイメージです。

アメリカ

1 弟：貸して！

2 兄：嫌だ！

3 母：今はお兄ちゃんが楽しく遊んでいるから、遊び終わるまで待っていようね

4 弟：〈泣く〉

5 母：大好きなお兄ちゃんが遊んでいるおもちゃが楽しそうなんだね。
お兄ちゃんが貸してくれるまで待っていようね

6　**弟**：〈泣く〉

――しばらくすると――

7　**兄**：はい。もういいよ。貸してあげるよ

8　**母**：いいの？　やさしいね。ありがとう。弟君も我慢して待っていられたね

9　**弟**：お兄ちゃんありがとう

10　**母**：お兄ちゃんのお気に入りのおもちゃだから大切に使おうね

11　**弟**：お兄ちゃん貸してくれてありがとう

兄の楽しんでいる気持ちを親が尊重し、気がすむまで遊ばせることで心が満たされて、「弟に貸してあげよう」という気持ちになりますし、自分の好きなものを同じように気に入ってくれることを喜べるようになります。

弟は、泣いたからといって自分の希望が叶えられるわけではないこと、相手の心が

満たされるまで待てば、貸してもらえることを学ぶため、徐々に忍耐力がついてきます。そして、おもちゃを貸してくれた兄と、仲介役であるママに対する感謝の気持ちも生まれます。

もちろん、一度や二度この方法を試したからといって簡単に「貸してvs貸さない」問題がなくなるわけではありません。毎回ていねいにおたがいを尊重し合うような声かけを意識することで、徐々に子どもの心が満たされてくるのです。

★どうしても貸したくない大切なものは、貸さなくていい

なお、「絶対貸したくない！」と意固地になっている場合は、本当に大切にしているものである可能性が高いので、無理強いせず「お兄ちゃんが大切にしているものだから、触らないであげようね」と、気持ちを尊重してあげましょう。

相手がお友だちの場合も同様です。道端で拾った石や、病院でもらったシールなど、子どもは親から見るとどうでもいいものを大切にしていることがありますので、その点は注意しましょう。

ここで無理強いしてしまうと、親に対して不信感を持つ可能性があります。

そんな場合は、「それの代わりに貸してもらえるものあるかな？」と代替品を考えてもらい、弟にはそれで我慢してもらいます。その際は、代替品を考えてくれたお兄ちゃん、我慢できた弟、双方を褒めるようにしましょう。

ここまで、子どもの承認欲求を満たすための要素である「心を満たすこと」と「自己肯定感を上げること」の2つのうち「心を満たすこと」について解説してきました。ここで紹介したことをしばらく続けていると、子どもの表情や態度が明るく変化してきます。すると、これまで以上に愛おしさを感じられるようになり、より心を満たしてあげようと考えられるようになります。

これまで厳しく子育てしてきた人にとって、子どもの甘えを全面的に受け入れることには抵抗や不安があると思いますが、少しずつ試してみてください。きっと効果を実感できるはずです。

COLUMN 2

ハグは子どもの精神安定剤

講演会やセミナーの生徒さんからよく聞かれることの1つに、「抱っこやハグって何歳までしていいんですか？」という質問があります。

本編でも触れましたが、私自身は、膝に乗せるのが痛くなるくらい大きくなるまで抱っこしていましたし、ハグは思春期に入ってからもしていました。息子は思春期に入ると人前でしなくなりましたが、「行ってらっしゃい」のときは継続していました。逆に、大学生になると人目を気にすることがなくなり、会ったときや別れるときに自然とハグするようになりました。

娘の中学校の授業参観のとき、廊下でハグしている私たち親子を見た娘の友だちは、かなりびっくりしていたようです。そして「お母さんに何年もハグしてもらっていないから羨ましい」と言っていたのには驚きました。

子どもの甘えを受け入れるようになると、徐々に抱っこやハグを求められるようになります。そんなとき、「もう大きいのに恥ずかしいよ」とか、「甘えん坊ちゃんで笑われちゃうよ」とか、照れて「気持ち悪い〜」などと拒否してしまっていませんか？子どもたちは何歳になっても甘えたいのですから、親が勇気を持ってハグしてあげてください。**親のハグは、「自身の存在を認めてもらっている」ことを物理的に実感できるため、子どもにとって絶対的な安心感があります。**

親子ゲンカをしたあとでも、少し時間が経ってからギュッとハグして、「ごめんね」と言えば、すんなり解決することもあります。

前述のとおり、娘は小中学校時代に嫌なことがあると私のベッドにきてハグしながらゆっくり話を聞いてほしいとせがみました。ハグしてあげると徐々に安心して落ち着いてきて、元気を取り戻せていたようです。親のハグは、子どもがエネルギーチャージをするためのスペシャル充電器のような役割もあるのです。

★生理的な拒否反応はどうする？

特に異性の子どもについては、年齢が上がってくると、親のほうが触れられることを避けたくなることもあります。その感情は、けっしておかしなことではありません。とはいえ、嫌な気持ちを前面に出しながらフンワリ対応すると、子どもの心は満たされず、しつこく何度もせがんできます。

そんな場合は、「短く・強く」を意識しましょう。

もし子どもがハグを求めてきたら、強めに10秒間しっかり抱きしめてあげましょう。手をつないできたらギュッと握り返す、背中からしがみついてきたらおんぶのように背中に手をまわしてしっかりつかむ、といった感じで、ギュッと強めにすることで子どもは短時間で満足してくれます。

第3章

アメリカで学んだ子どもの自己肯定感が爆上がりする方法

★自己肯定感の上げ方はアメリカに学べ

「特に根拠はないけれど、自分にはできる気がする」

こういった根拠のない自信は、自己実現のための大きな原動力になります。わが家の娘が、英語もろくに話せないのにアメリカの高校に進学したときがまさにそうでした。

「失敗を恐れず、さまざまなことに挑戦できる」。この能力はこれからの社会を生き抜くために必要なスキルですし、多くの親御さんが子どもに身につけてほしいと考えていると思います。そのためには、「根拠のない自信」を持つ必要があります。

そして、その「根拠のない自信」を生み出すのが自己肯定感です。

自己肯定感とは、まわりの人に褒められたり認められたりしなくても、自分の存在意義や価値を肯定できること。もっと簡単に言えば、「自分は愛されていて、存在する価値のある人間である」と感じられることです。

今の世の中は、「自己肯定感が高いほうがいい」というムーブメントを感じる一方、諸外国と比べると、日本の子どもの自己肯定感が低いのはさまざまな調査結果から考えても明らかです。

★自己肯定感が爆上がりするアメリカ式子育て

たとえば、2018年に内閣府が行った調査（子供・若者白書）のなかで、「自分自身に満足している」という問いに、「そう思う」と答えた子どもの割合は、日本人が10・4％（「どちらかと言えば思う」は34・7％）なのに対し、アメリカ人は57・9％（「どちらかと言えば思う」は29・1％）でした。

この本では、日米の子育てに対してどちらがいいとか、悪いとかいう比較をするつもりはありませんが、子どもの自己肯定感を高めることに関しては、アメリカのやり方のほうが圧倒的に優れています。**理由は単純で、日本の伝統的な子育て法には、そもそも自己肯定感を高めるという観点がないからです。**

たとえば、お子さんから次のようなことを言われたら、あなたは肯定できるでしょうか？

・真冬に水着を着るなど、季節外れの服を着たい
・ベッドで寝たくないから、寝袋を用意して床で寝てみたい
・組み上げたプラレールのレイアウトをとっておきたいから片づけたくない
・部屋の壁紙を水族館のようなデザインにしたい

多くの人が「ダメ！」と言うのではないでしょうか？
なぜなら、私たち日本人には、子どもの言うことを聞くことは「甘やかし」という、昭和的子育ての概念が刷り込まれているため、「親の意向に沿わない行動＝ワガママ」→「ワガママ＝やめさせなければいけない」というふうに考えてしまうからです。

一方、アメリカの親の多くは、このような子どもの主張を全面的に受け入れます。
アメリカで私が見た親たちは、わが子の個性や主張をおおらかな気持ちで笑って受

け止め、何かあったときには世界一の味方として戦う姿勢を持っていました。さらに、子どものやりたいことに協力的で、親子が深く強い信頼関係の絆で結ばれているという印象でした。

もちろん、彼らもわが子がまわりに多大な迷惑をかけたときや、モラル・マナーに反することをしたときには、ちゃんと叱ります。しかしその際の態度も、親子という上下関係ではなく、子どもの人生の味方として、将来のためにアドバイスするという姿勢でした。

これは年配の方も同様で、60代以上の方々に尋ねても同じように親に尊重されて育てられたと話します。そんな親子関係が引き継がれているからこそ、アメリカ人は自己肯定感が高く、フロンティア精神が根づいているのではないかと思います。

この第3章では、私がアメリカで学んだことを中心に、子どもの自己肯定感を高めるための方法を紹介していきます。どれも今日からできることばかりですので、ぜひ日常の子育てに取り入れてみてください。

10 愛情を出し惜しみしない

よく、「自己肯定感の低い私でも、自己肯定感の高い子どもに育てることはできるのでしょうか？」と聞かれるのですが、答えは「ＹＥＳ」です。

なぜなら、問題は親の自己肯定感の高さではなく、正しいアプローチの仕方をしているかどうかだからです。

私自身も子育てをはじめた当初、失敗ばかりで自分のしていることにまったく自信がなく、自己肯定感もかなり低かったように思います。しかし、これから紹介するメソッドを実践するうちに、親である私自身の自己肯定感も自然と上がっていきました。

子どもの自己肯定感を高めるために、最も必要なのは親の「慈愛」、つまり見返りを求めない無償の愛です。私は「出し惜しみなしのＧＩＶＥ♡ＧＩＶＥ♡」と呼んで

いますが、とにかく愛情を与えて、与えて、与えまくる。具体的には、

- **子どもの意見をできるだけ尊重した経験をたくさんさせる**
- **子どもが望むことをしてあげる**
- **子どもが言ってほしいだろうと思うことを言ってあげる**

といったことを徹底するのです。

「自分の喜びをあとまわしにしてまで、子どもの犠牲になる必要はない」「自分の喜びを優先して、心が満たされたらまわりにもやさしくできるようになる」という意見もあります。もちろん、それでうまくいっているのなら問題ないわけですが、目の前の子育てに問題を抱えている場合は、GIVEを先にしてみることをおすすめします。

一見すると簡単なようですが、自分が幼少期に親からしてもらえなかったことを要求してくる子どもに対して、「私は親にしてもらえなかったのにずるい」と、自分の過去との不平等さを感じたり、腹が立ったり、「こんなことまで言ってあげないといけないの？」と癪《しゃく》に障ったりする感情が湧いてくると、案外難しいものです。

★子どもにGIVEすると、親の自己肯定感も上がる

なぜ私にそれができたのかというと、アメリカの親たちのGIVE精神を見て、子どもたちにGIVEすることで「私は子どもたちをこんなに笑顔にしてあげられるんだ」という、親として子どもを喜ばせる「悦《よろこ》び」に気づいたからです。

そして、子どもの希望に満足するまでつき合ってあげることで、子どもたちの表情が明るくなり、幸福感が増す姿を見て、「こんなことをしてもらえて羨ましいなぁ」とも思いながら、こちらまで幸せになる親子の幸せのスパイラルに入っている感覚がありました。

もしあなたが、ご自身の自己肯定感が低いと感じたなら、この「出し惜しみなしのGIVE♡GIVE♡」作戦は有効です。

子育てを通じて、日々の自分の頑張りを認め、「子どもを笑顔にしてあげられる自分、子どもに愛されている自分、子どもに必要とされている自分」をもっと褒めていくことで親自身の自己肯定感も上げていけるのです。

11

子どもの自己肯定感が低いなら過去を振り返ってみる

もし、お子さんの自己肯定感が低いと感じるなら、まず試してほしいことがあります。それは、次の7つの観点でお子さんと過去の経験を振り返ってみることです。

1 挑戦したこと
2 失敗したこと
3 成功したこと
4 嬉しかったこと
5 悔しかったこと
6 褒められたこと
7 人の役に立ったこと

★どんな子にも「褒めるネタ」は必ずある

日本人は褒められ慣れていないので、自分自身を過小評価してしまいがち。そのため、自分で自分を褒めることも苦手です。

そこで、自分で自分のチャレンジや、過去のさまざまな努力、失敗を乗り越えた経験などを列挙することで、「私はこれまで、自分でさまざまな選択をしながら少しずつ経験を積み重ねて成長してきた」「自分は、失敗や挫折を乗り越えることができる」と実感でき、少しずつ自信が芽生えます。

その結果、自分の長所も短所も認められるようになり、自分自身を認めて、褒めてあげられるようになるのです。

どんなに小さな子にも、先に挙げた7つの経験はあるはずです。

もちろん、これをやったからといって急に自己肯定感が上がるわけではありませんが、この振り返りを繰り返すことで、気づかぬうちに自分自身を認めることができるようになります。ぜひ、試してみてください。

12

「悪いことをしたときに叱るのが子育て」は間違い！

褒められることと叱られること、あなたはどちらのほうが、自己肯定感が上がると思いますか？　ほとんどの人が「褒められること」と答えるはずです。ところが、日本の多くの親が、「悪いことをしたときに叱るのが子育て」だと考えています。

もちろんそれも必要なことなのですが、その逆、つまり子どもが無意識にしている「いい行動」を出し惜しみすることなく褒め、それがどのようにいいことなのかを伝えることも大切です。そうすることで自己肯定感は上がりますし、無意識にではなく意識的に「いい行動」をとれるようになるからです。よく、「褒められないとやらない子になると思うので、褒めすぎないようにしている」と言う人もいますが、「褒め続けていれば、褒めなくても行動できるようになる」が正解なのです。

また、日常的に褒められて育った子どもは「褒められることを素直に受け入れて喜

ぶ心」を持っています。この心を持っていると、褒められるたびに「自分は人の役に立っている」「自分は親やまわりの人から愛され、大切に思われている」という意識が醸成され、より自己肯定感が上がるのです。

講演やセミナーでこの話をすると、「どうやって褒めればいいかわからない」と言う人がいます。特別難しいことはないのですが、日本人は褒められることに慣れていない人が多いので、褒めるタイミングをよく逃すし、褒め言葉のバリエーションも少ないのが現実です。また、せっかく他人に褒めてもらっているのに、謙遜して子どもの前でその褒め言葉を否定してしまう親もたくさんいます。

私も子育てをはじめたばかりのころは、褒めるのも褒められるのも苦手でした。しかし、アメリカで出会った親たちを見て、「そこをそういう視点で褒めるのか！」と真似ているうちに、徐々に褒め言葉のバリエーションも増え、褒め上手になりました。

実際、アメリカでは、親が大げさなくらいに自分の子どもを褒める光景をよく見かけます。さらに、ママ友やパパ友などの他人にも、子どもの目の前で「親バカ」をはるかに超えるような自慢をすることに驚きました。

たとえば、道端で会った近所の人と立ち話をしていたら、「うちの子、サッカーのドリブルがとてもうまくなったのよ。見て！」と、子どものドリブルを延々と見せられたことがありました。

また、友人の家に遊びに行ったとき壁に飾られていた子どもの絵を社交辞令的に褒めたところ、山のように作品を持ってきて、それぞれの作品のどこが優れていて、子どもがどう頑張ったのかを何十分にもわたって解説されたこともあります。

これは、自分の子どもだけではなく、他人の子どもに対しても同じです。**たまたまその場に居合わせただけの見知らぬ人でさえ、ちょっとしたことでも惜しみなく褒め言葉をかけてくれるのです。そして、褒められた子どもやその親も「そんなことないです」などと謙遜せず、「ありがとう」と、その言葉を純粋に受け入れていました。**

こういった文化が、アメリカ人の自己肯定感の高さにつながっているのは間違いありません。

★褒め下手さんは、まず5つの視点で褒めてみる

では、具体的にどう褒めればいいのでしょうか。これまで、あまり褒めずに子育て

をしてきた人は、まず次の5つの視点で褒めてみましょう。

1 お気に入りのものを褒める

子どもは、自分のお気に入りのおもちゃや、自慢したいものなどをつねに持っている、もしくは身につけていることが多いものです。

それがたとえ石ころだったとしても、肌身離さず持っているのであれば、「それは何？」「どこで拾ったの？」などと、興味を示したうえで、「きれいな石だね」「面白い形をしているね」などと褒めてあげましょう。

自分のこだわりやセンスを親に認めてもらった気持ちになり、それが自己肯定感の向上につながります。また、それらを自慢することで表現力も上がります。

2 見た目を褒める

「今日もかっこいいね・かわいいね」「そのヘアゴム素敵だね」「今日の服、よく似合っているね」などと、見た目についてのポジティブな感想を伝えることで、「自分自身を受け入れてくれた」「自分の好きなものを理解し、認めてくれた」という感情が生まれます。

3 結果・プロセス・努力・成長ポイントを褒める

テストでいい点をとった、ピアノが上手に弾けた、かけっこで1等賞になった、折り紙が上手に折れたなど、何かでいい結果が出たら「すごいね」「上手だね」「頑張ったね」などと、しっかり褒めてあげましょう。本人も、満足している結果をそのまま褒めてもらえれば素直に受け止められますし、自信にもつながります。

結果を褒めることは、ここで紹介している6つのなかで最も簡単なアプローチです。ただし、たんに結果を褒めることだけを続けていると、失敗を怖がるようになってしまいます。子どもが「いい結果が出ないと褒めてもらえない」と勘違いする可能性があるからです。**ですから、結果を褒めるときは、「○○を頑張ったから1位になれたんだね」などと、プロセスを褒めることも忘れないようにしましょう。**

咄嗟に出てこない場合は、あとからでも大丈夫です。「1位をとれたのは、なんでだろうね？」と理由を聞くことで、子どもの努力を再確認したり、プロセスの分析ができたりするようになります。

もちろん、いい結果が出なかった場合も褒めることは可能です。

たとえば、「難しいことでも試行錯誤する思考力が育ったね」「諦めずに続ける継続力が育ったね」「難しいことも乗り越えられる精神力が育ったね」など、子どもがどんな努力をして、どんな潜在能力が育ったかを言葉にして伝えてあげることで、お子さん自身が自分の成長を感じられるようになります。

4 子どもの思考を言語化して褒める

特に小さい子は、自分の思考や感情を言葉にできないことが多いものです。ですから、「お友だちが困っているのを見て、助けてあげたいと思うやさしさで貸してあげたんだね。ありがとう」「ママが疲れているから何か役に立ちたいと思って洗濯物を畳んでくれたんだね。ありがとう」など、子どもの内心を推測して言葉にして褒めてあげることで、本人も気づかなかった自分の気持ちに気づくことにもつながります。

5 「褒めのおねだり」に応える

「自分でお着替えできたよ。すごい？」「弟にお菓子を分けてあげたの。えらい？」「お風呂掃除したの。頑張った？」などと、子どもはよく「褒めのおねだり」をしてきます。
こんなときは、子どもを褒めるチャンス。「素直に褒めていいのか？」と迷う人もいるかと思いますが、どんどん褒めてあげましょう。
子どもは、「頑張った」とか「人にやさしくできた」ことの意味を認識し、自分の行動の価値をきちんと理解しているから「褒めて」と言ってくるわけです。その気持ちを親がしっかり受け止めてあげることで、最終的に人から褒められなくても、いい行動をとれるようになります。

なお、たとえば子どもから「自分でお着替えできたよ。すごい？」と聞かれたら、お着替えした結果を褒めるのではなく、「1人でお着替えを頑張ろう」と思った気持ちを褒めるよう意識しましょう。

このように褒め方はいろいろありますが、表面的な結果を褒めるのではなく、内面を見て心の成長につながるように褒めてあげるのがポイントです。

13

幼少期は大げさに、思春期は控えめに褒める

ここまで読んで、「これまであまり褒めて育てることを意識してこなかったので、どんな感じで褒めればいいかわからない」という人も多いと思います。

ポイントは、「**幼少期は大げさに、思春期は控えめに**」です。

年齢が低ければ、少々オーバーに感じるくらい褒めても素直に喜びますし、絶対的な自信につながります。私自身も子どもたちが小さかったころは、のぼせ上がるくらい大げさに褒めるようにしていました。子どもは有頂天になりますが、外で褒めてもらえることが少ない日本ですから、そのくらいでバランスがとれるように思います。

ただし、なんでもかんでも適当に褒めていると、相手が小さい子であっても見透かされてしまいますので注意が必要です。

私は、適当に褒めるときに「すごい！　すごい！」「かわいい！　かわいい！」な

どと2回繰り返す癖があり、よく子どもから「2回言わないで！」とたしなめられていました。子どもは、親の言動を本当によく見ていますよね。

★思春期には冷静に

子どもが思春期に突入したら、表面的なことを褒めたり、子どもの気持ちを勝手に推測して褒めたりすることは控えたほうがいいでしょう。

親には示さない真意があるかもしれないので、褒める回数も減らし、向こうが褒めてほしそうなアピールをしてきたときに、しっかりと向き合って話す時間をとるようにしましょう。

思春期の子どもを褒めるときのポイントは、あまり声の抑揚をつけずに、「成功した秘訣はなんだったの？」とか、「今回はどんなところを努力したの？」などと聞き出すイメージで語りかけることです。すると、子どものほうから褒めてほしいポイントを伝えてくれるはずですので、そこに親が共感を示していくと、「認められた」という感覚が醸成され、自己肯定感が上がります。

14

ときには他人を通じて褒めてみると、より自己肯定感が上がる

直接褒めるだけでなく、第三者を使って間接的に褒めるのも効果的です。

先ほどお伝えしたとおり、アメリカ人は本人の目の前で、お友だちや近所の人に「この子はね……」とわが子の頑張っていることや、スポーツ、勉強の成績はもちろん、性格についても大げさなくらい自慢します。その話を聞いた相手もその子を褒め称えるので、親以外の人にも認めてもらえることを誇らしく感じ、グンと自己肯定感が高まります。

しかし、謙虚さが美徳とされる日本でこれをやりすぎると、「親バカ」と言われてしまいます。一度や二度なら相手も調子を合わせてくれますが、しつこく自慢していると「バカ親」になってしまいますので、控えるべきでしょう。

★身内を巻き込んでとことん褒めてもらう

ですから日本では、遠くにいる祖父母や親せきなど、一緒に住んでいない身内を相手に、電話やSNSを使って子どもを褒めることで同様の効果を得られるでしょう。

私自身もよく実家に電話をかけて、2人の子どものことを存分に自慢していました。子どもたちは、祖父母にたくさん褒めてもらうことで、自分の可能性を信じられるようになりました。

実家に帰った際は、子どもたちが自分の写真や動画を見せながら自慢話をしている姿が微笑ましく、祖父母との絆が深まっていくのを感じました。

15 ネガティブな言葉をポジティブな言葉に変換する

あなたは、子どもの悪い部分を直したいからと「ワガママ」「怖がり」「飽きっぽい」「のろま」など、ネガティブな声かけをしていないでしょうか？

こういった、子どもの性格を決めつけるような言葉を繰り返しかけ続けていると、「自分はそんな人間だ」と思い込み、自己肯定感が下がってしまいます。感受性の強い子であれば、それがトラウマになって人格形成に影響を及ぼすこともあります。

とはいえ、あまりにものんびりしているようなら注意しなければいけません。そんなときは、「のろまだね」と断定するのではなく、「そんなにのんびりしていると、のろまになっちゃうよ」などと伝えましょう。

「まだあなたはなっていないけど、このままその態度を続けていたらそうなるよ」という言い方をすることで、自己肯定感を下げずに注意することができます。

★ネガティブワードの変換例

子どもの自己肯定感を上げることも大切ですが、マイナスにしないように言葉を選ぶことも大切です。私は、次のように一見ネガティブなことに対しても、極力ポジティブな言葉に変換して伝えるようにしてきました。

変換例

のろま → マイペース・おおらか・落ち着いている
ワガママ → 意志がある・主体性がある・自分を持っている
うるさい → 大きい声が出る・元気いっぱい・エネルギッシュ
怖がり・引っ込み思案 → 焦らずに様子を見ている・場の空気を読める・慎重派
挑戦しない → プライドが高い
飽きっぽい → 好奇心旺盛・感受性が豊か
しつこい・諦めが悪い → 追求力がある・継続力がある

乱暴 → 感情表現がパワフル
嘘をつく → 善悪の判断ができている
癇癪を起こす → 自己実現欲求が高い・表現力が高い
無視する → 冷静に反抗心を表している
口が悪い → 嫌われることを恐れていない
面倒くさがる → 効率派
優柔不断 → 慎重派
意地悪 → 強くなりたい・自分が優位に立ちたいという向上心がある
落ち着きがない → 行動力がある・何事にも興味がある
すぐふざける → 楽しいことが好き・まわりを楽しませる
人の言うことを聞かない → 自分の意思がはっきりしている
すぐメソメソする → 感情を素直に表現できる
完璧主義 → 目標を高く持っている・理想が明確になっている

たとえば、嘘をついたことをたしなめる際には、「〇〇ちゃんは、自分のやったことが悪いことだってわかってるんだね。えらい！　だから間違って悪いことをしちゃったときは、正直に言っていいんだよ」などと伝えると、子どもの自己肯定感を下げずに注意することができます。さらに、否定から入らないので、親の言うことを素直に聞き入れてくれます。

また、子どもの性格を指摘する際も、ネガティブな表現からポジティブな表現に変換することで、自信を植えつけることができます。

わが家ではこれを続けてきたことで、子どもたちが物事をポジティブに受けとれるようになりました。

16 写真が自己肯定感アップに与える効果は絶大

映画やドラマなどで目にするアメリカの家には、たくさんの写真が飾られているイメージがありませんか？

実際、アメリカの大抵の家庭では、キッチンやリビングなど人が集まるところに、たくさんの写真で埋め尽くされたコルクボードが飾られています。

その家に住む家族の写真だけでなく、夫婦それぞれの両親、祖父母、親せきなどの写真がたくさん飾られており、自分の存在やルーツを感じられるファミリーヒストリーを見ることができます。

近所の家に遊びに行くと、写真を見ながら、そのときのエピソードを話してくれたことを今でも覚えています。

あなたは、ご自宅のリビングなどにお子さんの写真を飾っているでしょうか？
最近は、「スマホで撮ってそのまま……」という人も多いと思いますが、**実は自宅に写真を飾ることは、親の愛情を可視化できるため、子どもの自己肯定感アップに非常に有効です。**

私は「スクラップブッキング」という、写真をデコレーションして飾る技法をアメリカで学び、帰国してからは一時期それを仕事にしていました。もちろんわが家でも撮った写真を作品にしていたので、それを通じて子どもたちが私の愛情を感じ、自己肯定感が上がったのは間違いありません。

★ハレの日の写真ではなく、日常のひとコマを切り取った写真を飾る

写真を使って子どもたちの自己肯定感を高めるためのポイントは、旅行や七五三などの特別なシーンよりも、スポーツをしている姿、何かに集中している姿、お気に入りのものを大切にしている姿、お手伝いをしている姿、工作している姿、きょうだい仲よく遊んでいる姿など、**日常のひとコマを切り取った写真をメインに飾ることです。**

自らのポジティブな行動を客観的に見ることで、脳内にいいセルフイメージが蓄積されるからです。

そして、もう1つ大事なのは、親子で一緒に何かをしている姿を写した写真を飾っておくことです。たとえば、絵本の読み聞かせをしている姿、ママチャリで保育園に送り迎えをしている姿、公園で遊んでいる姿、一緒にお料理している姿、仕上げ歯磨きをしている姿などです。子どもたちは、成長するにつれそんな幸せな日常生活があったことを忘れてしまいますが、親子の写真が「大切にかわいがられて育てられたことの証」になり、思春期など心が不安定なときでも、それを見返すことで揺るぎない自己肯定感を得ることができます。

私の場合はシングルでしたので、親子一緒の写真が極めて少ないのですが、今考えてみれば、まわりの人にお願いしてでも写真を残しておけばよかったと後悔しています。

みなさん、ご家庭の事情はさまざまかと思いますが、あの手この手で親子が触れ合っている姿を写真に収めて飾っておくといいでしょう。

17

お祝い事は欠かさず行おう

「子どもが大きくなるにつれ、あまりお祝い事をしなくなった」
「ここ数年、雛人形を出してないな」

読者のなかには、こんな親御さんもいるのではないかと思います。

家族に、**誕生日や桃の節句、端午の節句などのお祝いをしてもらうことは、自分の存在価値が認められていることを最も強く感じることができるイベントです。**

お祝いのプレゼントをもらい、家族で食卓を囲みながら、生まれてきたときの話を聞いたり、アルバムをめくりながら当時の写真を見せてもらったりすることは、子どもにとってとても幸せな時間になるでしょう。

★お祝い事の準備そのものが子どもへのメッセージになる

誕生日を祝う飾りつけをしたり、お雛様や兜飾りを出したりしまったりするのは、たしかに面倒ですが、**その手間を惜しまない親の姿そのものが、子どもへの愛情を伝えるメッセージになります。それによって、自分が大切にされていることを実感し、自己肯定感も上がります。**

さらに、人から祝福される喜びを感じた経験のある子どもは、まわりの人にも同じように愛を与えられる人に育ちます。

私自身も、節句や誕生日には全力で子どもたちをお祝いしていました。

「最近忙しくて、ちゃんとお祝い事をしていないな」という人は、成長を祝うことで子どもの情緒を育てていると考え、ちょっと頑張ってみてはいかがでしょうか。

18

子どもの絵や工作を大切に扱う

特に、未就学児や小学校低学年のお子さんがいる家庭では、子どもが作った立体工作物や描いた絵を持ち帰ってくることも多いと思います。

子どもが作品を持って帰ってきたら、ぜひ、いいところを探して褒めてあげてください。

子どもが試行錯誤した作品を大切に扱うことで、子どもの自己肯定感を高められますし、それ以外にも伝える力や想像力を伸ばすことにもつながります。

★作品の褒め方にはコツがある

子どもの作品を褒める際には、1つ気をつけるべきことがあります。

それは、上手・下手など、作品の出来を褒めるのではなく、その作品の制作過程で努力したことや工夫したところを褒めることです。

なぜなら、私たち親が見ている目の前の作品は、子どもたちがその作品に込めた努力や工夫の氷山の一角でしかないからです。親に見せられる状態になるまでには、イメージを形にするためのさまざまな試行錯誤があります。そのプロセスにフォーカスして褒めてあげることで、作品の出来映えにかかわらず、自己肯定感を上げることができるのです。

なお、作品を褒める際は、

「この素敵な作品の自慢したいところや工夫したところはどこですか？」
「この色にしようと思ったのはなぜですか？」
「ここのとんがっている部分は、なんのためなのかな？」
「何をヒントにして、これを作ろうと思ったのでしょうか？」

などと、インタビュー形式で聞いてあげると、子どもが褒めてほしいポイントを言葉にして説明してくれるのでおすすめです。

★増え続ける作品はどう処分する？

子どもが園や学校で描いた絵、どんどん増えていく立体工作物を保存するか処分するかで悩んでいる人も多いと思います。

とはいえ、子どもに「これ、もう捨ててもいい？」と聞いても「絶対ダメ!!」と言われることは火を見るよりも明らかです。しかし、全部保存していたら、自宅がゴミ屋敷になってしまいますよね。読者のなかには、夜中にこっそり処分している人もいらっしゃるのではないでしょうか。

その対策として、わが家ではチェストの上と、襖の一面を「ファミリーギャラリー」と名づけ、子どもが作った作品や描いた絵を飾る専用スペースにしていました。しばらくは美術品のように飾っておけるので子どもは満足してくれます。お気に入りの絵は、フレームに入れて飾ってあげると、より自己肯定感が高まります。

そして、そこに収まらないものは、基本的に写真に撮ってから処分するルールにしていました。写真を撮ることで作品を処分することに対する抵抗感が下がりますし、自尊心が損なわれることもありません。

処分する作品を子どもに選ばせれば、取捨選択力も高まります。この方法は、ブロックや積み木で作った作品、プラレールのレイアウトなどを片づける際にもおすすめです。

子ども専用のインスタアカウントを作って、撮った写真をアップしてあげてもいいでしょう。

COLUMN 3

「世界でいちばんあなたが大好き！」の魔法

2人以上のお子さんを育てている人は、子どもから「私とお兄ちゃんどっちが好き？」などと聞かれ、どう答えたらいいのか迷った経験があるのではないでしょうか。

そんなとき、私はきょうだいそれぞれをカテゴリに分けることで、2人とも世界一好きだと伝えていました。

具体的には、娘には「世界中の女の子のなかで、ルナちゃんがいちばん好き！」と答え、息子には「世界中の男の子のなかで、レオ君がいちばん好き！」と答える、といった感じです。

子どもをがっかりさせてはいけないとか、平等に接しなければいけないと考えるあまり、「どっちも一緒だよ」とか、「みんな同じくらい大切」とか、「どっちが好きかなんて答えられない」などと中途半端な答え方をしてしまうと、「自分がいちばんだ！」と確信できないモヤモヤが残ります。

しかし、この言い方なら1位になることができるので、気持ちがスッキリします。

★こじつけでもいいので、唯一無二のカテゴリを探し出す

同性の兄弟・姉妹の場合でも方法はあります。

「8歳の男の子のなかでいちばん好き」などと、より狭いカテゴリを作ればいいのです。

もし双子なら、「5月25日の10時5分に生まれた女の子のなかでいちばん好き！」といったように、こじつけでもいいので唯一無二のカテゴリを探し出すことで、納得してもらえるのではないでしょうか。

第4章

失敗を恐れない「チャレンジ慣れ」体質を育む

★「チャレンジ慣れ」体質が自信を育む

「わが子には、楽しいことはもちろん、辛いことに対しても逃げることなくどんどんチャレンジし、自分の世界を広げていってほしい」

こう思う親御さんがほとんどでしょう。

わが家では、子どもたちが小さなうちから、さまざまな分野にチャレンジする環境を与えてきました。たくさんの経験を通じて視野を広げ、失敗を気にせずに、困難さえも楽しめる強い心を育てたいと思ったからです。

私がこう思うようになったのは、高校卒業後に語学留学したときの印象が強かったからです。

私が入学した語学学校には、ヨーロッパ、アジア、南米、アフリカなど世界中から生徒がきていました。彼らは習い事や学校でのクラブ活動はもちろん、ボランティア活動、キャンプ、スポーツ、音楽、アート……など、さまざまなことに挑戦し、その失敗体験や成功体験を通じて揺るぎない大きな自信を持っているように思えました。

そんな彼らにとって語学留学は、「いかに短い期間で、新たなコミュニケーションツールである英語を習得するか」というチャレンジの1つでした。

彼らには、英語を聞き取れないことや、話せないことへの不安、母国語訛りの強いアクセントに対する恥ずかしさは皆無でした。そして、テストで点数が取れなくてもまったく凹まないのです。

「チャレンジしている最中なんだから、できなくてあたり前」という意識を持っているので、貪欲に質問を繰り返し、問題を解き、自分で掲げた高い目標に向かって、黙々と邁進していました。

その姿は、「諦めずに頑張れば、必ず目標は達成できる」という幼少期からの経験に裏づけされた自信に満ちていましたし、事実あっという間に上達していきました。

彼らは、目の前のチャンスをつかむことに貪欲ですし、たとえ失敗しても凹むことなく何度でも挑戦を繰り返します。

「自分にはできる」という自己肯定感はもちろん、「失敗したらどうしよう」という不安を「やってみたい」というチャレンジ精神が上まわっているため、未経験のことにも怖がらずに挑みます。

なぜ、このようなパーソナリティが出来上がるのかといえば、「チャレンジ慣れ」しているからです。幼少期からさまざまな経験をしているので、新たな挑戦に対するハードルが低いのです。

★まずは「やってみたい」という気持ちを育むことが大事

とはいえ、ピアノでもバレエでも英語でも、なんでもかんでもやらせてみればいいというわけではありません。時間にもお金にも限りがありますし、そもそも子ども自身が「やってみたい」という気持ちを持っていなければ、何をやらせてもいい結果を生まないでしょう。

そこで本章では、子どもの「やってみたい」という気持ちを育み、「チャレンジ慣れ」させるためのノウハウや声かけについてお伝えしていきます。

19

「NOはNO」のルールを徹底する

わが家では、幼少期から「NOはNO」のルールを徹底していました。「危険を伴うことや、人に迷惑をかける行為でない限り〝ダメはない〟」というポリシーを持って育ててきたということです。

このルールのおかげで、わが家の子どもたちはチャレンジ精神旺盛で、新たな経験を楽しむ柔軟性と感受性が豊かに育ったと思います。

具体的には、たとえば、ティッシュペーパーを箱から全部出してしまうのもOK、引き出しの中身やキッチンのストックを全部出してしまうのもOK、水たまりに飛び込んでバシャバシャ遊ぶのも、途中で止めずに満足するまでやらせていました。

ほかにも、シャンプーのボトルヘッドを押すと、中身が出てくることに興味を持ったときには、洗面器を用意してあげて、そこに全部出しきったこともあります（あとで、全部ボトルに戻しました）。

お米を床にばら撒きたがったときは、新聞紙を広げ、その上にパラパラ、ザラザラと3キロ分くらい出したこともありました（あとで、米櫃に戻して目につかない高い場所に移動しました）。

★イタズラはチャレンジ精神の芽生え

大人からすれば「やってほしくないこと」ですが、このようなイタズラは、チャレンジ精神と好奇心の芽生えであり、五感を使って脳を育む行動と考え、肯定してあげましょう。

ここまで読んで、「そうはいっても、毎日ティッシュやシャンプーを全部出されたら困る……」と感じた人も多いと思いますが、そうはなりませんのでご安心ください。

途中で遮ってしまうから結末を見ることができないもどかしさが残り、何度もイタズラしてしまうのです。

「ダメ！」と大声で止めるのではなく、「これをするのが楽しいんだね。どんどん出てくるね。上手につかんで引っ張れるね〜」と、つき合ってあげれば、何度も繰り返すことはありません。全部出しきった状態を確認することで満足するからです。

実際、わが家でも「ティッシュはみんなが使うものだからこっちの新しいのは出さずに大切に使おうね。出してしまったものはもう箱には戻せないから、このカゴに入れて使おうね」と伝えたところ、カゴから使わなければならない状況を見て、罪悪感を覚えたようで、それ以降はティッシュを出さなくなりました。

何かに興味を持ったら、途中で遮らずにその楽しんでいる気持ちが満足するまでつき合う。このように、「興味があることにはチャレンジしていい」と思えること、怒られない安心感を与えることで、チャレンジ精神の芽は少しずつ育っていきます。

20 子どもを「チャレンジ慣れ」させるアメリカ式教育システム

先ほど、私が留学先で出会った外国人はみな「チャレンジ慣れ」していたとお伝えしましたが、アメリカで子育てをしていたときも、私はよく「アメリカ人の子どもは、日本人の子どもに比べ、チャレンジすることに慣れているな」と思っていました。

はじめのうちは、それはアメリカ人の気質なのかと考えていたのですが、時間が経つにつれ、それは誤解で、日米の教育システムに違いがあることに気づきました。

★サマーキャンプでさまざまなことにチャレンジできる

たとえば、海外でよく行われている、子ども向けの「サマーキャンプシステム」をご存じでしょうか。キャンプ場にテントを張って寝る、あの「キャンプ」ではなく、夏休み期間にさまざまな団体が行う教育プログラムのことです。

プログラムの内容は多岐にわたり、理科の実験、プログラミング、スケボー、ダンス、クライミング、乗馬、料理、陶芸、絵画、楽器など……、それこそ星の数ほどの種類の講座があります。

大体が日帰りで、数時間のワンデイの講座が多いのですが、なかには1週間の長期プログラムなどもあります（自宅から通える範囲で開催されるものに申し込むのが一般的です）。毎年人気の講座はすぐに埋まってしまうので、春先から申込日をチェックして、カレンダーに記入するほどです。

また、アメリカでは学校のクラブ活動も日本のそれと仕組みが違います。

学期ごとに全員がクラブ活動を変えるのです。数カ月で変更できるので、「どのクラブにしようか」と深く悩む必要もありませんし、たくさんのことを経験できます。

そのなかで、気に入ったものがあれば、放課後の習い事へと発展させればいいわけです。

友人の息子さんは、学校の音楽クラブで習ったドラムを気に入り、親に巧みにプレゼンして、クリスマスにドラムセットを買ってもらい、それから何年もドラムのレッスンを受けていました。

★習い事はコロコロ変えていい

日本では、野球やサッカー、ピアノなど、1つやることを決めたら、それを長期間続けることが主流です。しかしアメリカの場合はその逆。サマーキャンプや学校のクラブ活動でさまざまな経験をできるシステムが整っていることが、「チャレンジ慣れ」の大きな要因の1つなのです。

日本には、このようなシステムはありませんが、習い事を頻繁に変えることで、同じような経験をさせることができます。日本では、習い事をコロコロ変えることをあまりよしとしない風潮がありますが、アメリカには「さまざまなジャンルの経験を積みたい」「本当に自分が好きなことを探したい」という理由から、習い事をどんどん変えていく子がたくさんいました。

こう聞くと、親が大変そうですが、アメリカ人の親は、子どもたちの意見を尊重して習い事を変えていくことにまったく抵抗がないようで、「親なら子どもがやりたいことを探すのは当然よ」と腹を括って全力で応援するスタンスでした。

アメリカは国土が広く、車での送迎もかなりハードなのですが、「私はママタクシーの人気ドライバーで、今月は1000キロ走ったわ！」と、楽しそうに話す親がほとんどでした。

私もそこを見習い、日本に帰ってきてから、娘がチアダンスを習いたいと言いはじめたときには、かなり時間をかけて娘に合ったチームを一緒に探しました。ほかにも英会話や絵画、テニス、野球、塾など、さまざまな習い事を経験させました。実際、時間のやりくりは大変でしたが、アメリカの親を見てきたこともあり、塾の送迎や息子の野球のお茶当番なども、楽しい時間と捉えることができました。

日本の場合、「習い事＝親の負担」というイメージがありますが（実際大変なのはよ～くわかりますが……）、親自身が子どもの習い事に対して、前向きにサポートする姿勢を持つことも、子どもを「チャレンジ慣れ」させるために必要なことなのです。

★習い事の辞め方のコツ

習い事をコロコロ変えるということは、それだけ辞める回数も多くなります。もちろん、長く続けている習い事も、プロにならない限り、どこかで辞めるタイミングがやってきます。

わが家もたくさんの習い事をさせてきたので、そのぶんたくさん辞めてきたわけですが、その際気をつけていたことがあります。

それは、最後に越えられる範囲のチャレンジをさせ、キリのいいところで終えることです。

たとえば、わが家はこんな感じでした。スイミングは次の進級まで。テニスは学年末まで。ケーキ教室は初級が終わるまで。絵画教室は取りかかっている作品が完成するまで……。

中途半端な状態で辞めてしまうと挫折感が残りますが、キリのいいところで終えることで、達成感を味わうことができます。

最終日には親子で菓子折りを持っていき、それまでさまざまな経験をさせていただいたお礼を伝え、その教室でチャレンジしたこと、経験したことを振り返るようにしていました。

21

子どもの「やってみたい」に継続と結果を求めない

子どもが何かに興味を持ち、自分も習い事をやりたいと言いはじめた。そんな絶好のタイミングでこんな言葉をかけたことはありませんか？


「本当にやる気があるの？」

「動機が不純じゃないの？」

「その日、お友だちと遊べなくなっちゃうんだよ」

「続けられるの？　一度はじめたら、すぐに辞めるのはダメだよ」


通わせる側の親としては、「これくらい確認しとかなきゃ」と思う気持ちはわかりますが、子どもからするとこれらの言葉は、「確認という名の脅し」でしかありません。

これらのネガティブな言葉を浴びせると、「チャレンジ慣れ」どころか、やる気の芽を摘みとることになってしまいます。

逆に、習い事を「辞めたい」と言い出したときも同じです。

「自分でやりたいって言い出したんだよね？」
「あなたは飽きっぽいから、いつも途中で投げ出すよね」
「これまで、いくらお金をかけてきたと思ってんの？」
「こっちもいろいろ犠牲を払ってつき合ってきたんだよ」

などと、親都合の怒りを子どもにぶつけて責めてしまうのはNGです。

これをやってしまうと、今後何か新しいことに挑戦したいという気持ちが湧いたとしても、責められた経験が「恐怖の記憶」として植えつけられることになるので、チャレンジ精神の芽生えにブレーキがかかってしまうからです。

このように、親からのプレッシャーや不安があると、内面から湧き出るチャレンジ精神が徐々に削がれていきます。

「何かやりたい？」と聞いたときに「わかんない」とか「別に」と答えることが多いようなら、過去の発言を見直す必要があるかもしれません。

★軽い気持ちで子どもの背中を押してあげる

第1章でもお伝えしたとおり、子どものチャレンジ精神を伸ばすためには、何があっても味方でいてくれる家族がいるという信頼関係と安心感が必要です。

私はつねに、よほどの理由がなければ、子どものやりたい気持ちをポジティブに傾聴してから、**「とりあえずチャレンジしてごらん」**とだけ伝えていました。

続かなくても、うまくできなくてもOK。こうやって、継続や結果などを求めず、軽い気持ちでトライさせてあげれば、挑戦へのハードルが下がり、徐々に「チャレンジ慣れ」していきます。

22

「失敗しても大丈夫」は言ってはいけない！

ここまで、習い事などを通じてさまざまな経験をすることの重要性についてお伝えしてきましたが、そもそも「チャレンジ慣れ」していない子どもが新しいことにチャレンジするには、高いハードルがあります。


「怖くないよ。大丈夫」

「失敗してもいいからやってごらん」

「下手でもいいからやってみなよ」

「○○ちゃんならできるよ」


あなたは、お子さんにこんなことを言っていないでしょうか？

「失敗を恐れず、チャレンジしてほしい」という親の思いが透けて見える言葉ですが、実はこれ、子どもの挑戦意欲を削いでしまうNGワードです。

言葉のなかに「怖い」「失敗」「下手」といったネガティブワードが入っているせいで、子どもが悪い妄想を掻き立てて動きづらくなることがあるのです。

また、「○○ちゃんならできるよ」という声かけもやめたほうがいいでしょう。「できる」という結果重視の言葉を使うことで、失敗が許されないという意識が芽生え、「もしできなかったらどうしよう」と不安な気持ちになってしまうからです。

ネガティブな言葉を避けるべきなのは、習い事など大きな挑戦のときだけではありません。日々のちょっとした挑戦についても同じです。

たとえば、1人でコップに牛乳を注ごうとして、全部こぼしてしまったときも、「何やってんのよ！　しっかり持たないからよ！」とガミガミ責めたり、「あぁ〜、もう！」など、感情をそのまま大きな声に出したり、「失敗しちゃったね」「もったいなかったね」「服が汚れちゃったね」など、ネガティブな言葉を発してしまうと、再チャレンジするのを嫌がるようになります。

★ネガティブワードよりも「ナイストライ！」

では、どのような声かけをすればいいのでしょうか？

まず親自身が、子どものチャレンジはすべて「将来、自分でできるようになるための練習」と考えましょう。そのうえで、練習には失敗体験の繰り返しがつきものだと覚悟することです。そして、失敗に対しては「ＯＫ、大丈夫！」と冷静に対応し、挑戦しようと思ったことを「ナイストライ！」と褒め、何度でも子どもの「やってみたい！」につき合うことで、チャレンジを怖がらない子に育つのです。

また、**「チャレンジさせることをゴール」にするのではなく、「新しい経験を１つ増やすことをゴール」にすることも大切です。**私は子どもたちに、「新しい挑戦のチャンスが巡ってきたときは、自分に新たな経験をプレゼントしてあげられるタイミングだから、積極的につかみにいくことが大切だよ」とよく言い聞かせていました。

★親の失敗談を話して聞かせる

もう1つのポイントは、親の失敗談を話して聞かせることです。

「失敗してもいいよ」という声かけはやめましょう、とお伝えしましたが、多くの親御さんが「失敗しても問題ない」ことを伝えたいと思っているはずです。そんなときは、ご自身の失敗体験をお子さんに披露してみましょう。

特に、小学生くらいまでの子どもは、「大人は失敗しない生き物」だと思っていますから、実際はそうではないことを教えるだけでも、失敗へのハードルは下がります。

私の父は、精密機器の会社を経営していたのですが、会社設立当時の苦労話をよくしてくれました。私はそれがとても好きだったので、私も同じように、過去の話や今取り組んでいる仕事、人間関係についても子どもたちに話すようにしていました。ポジティブな話だけでなく、困ったこと、悲しかったこと、辛かったこと、失敗したことなどを、愚痴っぽくならないよう、ユーモアを交えながら披露してきました。

このように、大人もたくさん失敗するし、弱い面やネガティブな感情もあるということを普段から話しておくことで、徐々に失敗を怖がらなくなります。

その結果「勇気を出してチャレンジしてみよう」という感情が醸成されるのです。

23

慎重派の子どもには、アクシデントに対する保険をかけてあげる

特に、慎重派のお子さんはリスク察知能力がとても高いので、新しいことにチャレンジさせる際には、保険をかけてあげる必要があります。

たとえば、習い事の見学に連れて行った際、ずっとお母さんから離れずに見ているとしたら、「この子は、リスクを感じる能力が高い」と考えていいでしょう。

その場合、仮に最後までお母さんから離れられずに何もできなかったとしても、「見学のためにここにきただけで素晴らしい」とポジティブに捉え、それを褒めてあげることが大切です。

登山道の入口まできて、子どもが急に「帰りたい」と言い出したら、「せっかくここまできたのに！」と、怒りの感情がこみ上げてくると思います。しかし、そこをグッとこらえて、「入口まできただけでも立派な経験」と認め、褒めてあげるのです。

★緊急事態への対処法を、あらかじめ教えておく

また、慎重な子どもは、先を見通す力に長けているため、「もし○○しちゃったらどうしよう」と、アクシデントが起こることを想像して、不安が募ってしまうことがよくあります。

大人になれば、それまでの経験や知識からその場で対処できますが、経験値の低い子どもには、リスクを察知できたとしても、どう対応すればいいかまではわからないので、その不安からはじめの一歩を踏み出せない場合が多いのです。

逆に言えば、それさえ回避してあげれば一歩踏み出せるようになる可能性が高まるわけです。

そこでおすすめなのが、アクシデントへの対処法を紙に書き出して、あらかじめ教えてあげることです。これを繰り返すと、少しずつ安心するようになるでしょう。

具体的には次ページのようなものです。

1 転んだら、手を上げて「助けて〜」と言う

2 お腹が痛くなったら「トイレに行きたいです」と言う

3 喉が渇いたら、先生のところに行って「水飲んでいいですか」と聞き、部屋のうしろに置いてある水筒の水を飲む

4 終わったときにママ（パパ）がいなかったら、先生に電話するようにお願いする

（電話番号：090−○○○○−××××）

このような非常事態マニュアルを先生に相談して作っておき、子どもに渡しておくと、安心しながらチャレンジできるようになります。

もちろんわが家でも、子どもたちが新しいチャレンジをするときは、このような対策を練ってから送り出していました。

何かあったときの対処法がわかっているだけで、チャレンジが怖くなくなりますし、同時に先を見通す力もつけてあげることができますよね。

COLUMN 4

「拒否の欲求」には「ご褒美作戦」で対応する

第4章では、さまざまな経験をさせ「チャレンジ慣れ」させることが大切です、とお伝えしてきました。

親が子どものために、さまざまな経験の場を用意することはとてもいいことです。しかしそれに比例して、「発表会に出たくない」「運動会が嫌だ」「お泊まりキャンプに行きたくない」といった「拒否の欲求」も増えてきます。

そんなとき、私は躊躇なく「これを達成したら、これをしてあげる」と、交換条件のご褒美をぶら下げていました。

なぜなら、最初はご褒美目的だったとしても、結果的に努力や我慢、お友だちと協力することの大切さ、新しいスキル、応援される喜び、達成感など、拒否して逃げてしまっては経験できないたくさんのことを学べるからです。

★ご褒美は結果ではなく、挑戦したことに対して与える

ただし、拒否する子どもに「発表会に出て間違えず演奏できたら○○してあげる」などと、結果に対してご褒美を与えようとするのはやめましょう。

普段練習をサボっていたせいで、発表会でたくさん間違えてしまったとしても、大勢の人の前でステージに上がる経験はできます。

お泊まりキャンプで泣いてしまい、イベントに参加できなかったとしても、夜親と離れてお友だちと過ごすという貴重な経験はできます。

一見すると結果が出ていないように思えますが、参加するだけでも子どもの経験値はグンと上がるのです。

そうやって経験を積んだ子どもに対して、「このご褒美は、あなたが学んだこと、努力したこと、経験したこと、心が成長したことで手に入れたんだよ」と伝えてあげましょう。そうすれば、「自分は頑張れた」という自信やその後の成長につながります。

第5章

子どもの個性を引き出す好奇心と創造力の養い方

★好奇心はどの子にも平等に備わっている才能

子育てをするうえで「好奇心」というキーワードは大切な要素です。

「わが子には、さまざまなことに好奇心を持っていろいろな経験を積んでもらいたい」

本書を読んでいただいている人のほとんどがこう思っていることでしょう。

本来、子どもは好奇心のかたまりです。放っておいてもいろいろなことに興味を持ち、触ってみたい、見てみたい、試してみたいとなんらかのアクションを起こします。

また、何か気になることがあると「なんで?」「どうして?」とすぐ聞いてきます。

これも好奇心があるからこそです。

★子どもの好奇心、生かすも殺すも親しだい

しかし、子どもの好奇心はすぐ膨らみますが、しぼむのもあっという間です。

たとえば、絵画に興味を持った子どもが、「絵を習ってみたい」と言い出したとしましょう。そのとき親が「じゃあ、教えてくれるところを探してみるね」と言ったにもかかわらず、仕事が忙しく1カ月放っておいたとしましょう。そのタイミングで「この前、絵を習いに行きたいって言ってたよね」と聞いても後の祭り。たいていは「やっぱりいい」とか「そうだったっけ？」などの答えが返ってきます。

また、子どもが「どうして空は青いの？」とか「なんで冬は寒いの？」などとすぐには答えられないことをしつこく聞いてきたとき、「なんで？　なんで？　ってうるさい！」などと怒ってしまったら、好奇心はすぐにしぼんでしまいます。

このように、子どもの好奇心を膨らませるか、しぼませるかは親の対応によって大きく変わるのです。

本章では、子どもの好奇心が発露したときにそれを持続させる方法をお伝えしていきます。さらに、好奇心と並んで語られることの多い、創造力・クリエイティビティの伸ばし方についても紹介していきましょう。

24

子どもの好奇心に対して親が好奇心を持つ

子どもの好奇心を育てたいなら、その対象がなんであれ、親自身がそれに興味を持つことが大切です。親子一緒に取り組むことで、共通言語や会話が増えて子どもとの距離もより近づきます。ゲームだって、昆虫だって、転がっている石だっていいのです。子どもから新たな世界を知るきっかけをもらったと感謝する気持ちが大切です。

たとえば、夏休みにお子さんと河原に遊びに行って、いろいろな色や形の石を見つけて楽しんだ帰りに「集めた石を全部持って帰る！」と言われたら、あなたは「もちろんいいよ！」と言えるでしょうか？

「一度許したら、毎回石を持ち帰りたいと言うようになるかもしれない」「そのたびに持ち帰っていたら家が石だらけになってしまう」「処分するのが面倒」など、「その後の面倒な未来」が次々と頭に浮かび、つい「えー、置いていこうよ」と言ってしまう人も多いと思いますが、ぜひやらせてみてください。

「子どもは失敗体験を積み重ねるために日々を過ごしている」くらいに考えてやらせてみれば、結局重くて持ちきれないことがわかったり、持ち帰っても何にもならないことがわかったりするものです。

★好奇心を否定するとすぐ諦める子に育つ

ここで即座に「それはやめよう」否定したら、大概は癇癪を起こすでしょう。癇癪を起こすうちはまだ自分の意思を表現できているのでいいのですが、この状態が続くと「はい」とすぐに従うようになります。**一見、聞き分けのいい子に育っているように思えますが、実情は「どうせダメだよね」とすぐに諦める子に育っていることが大半です。**そうなってしまうと、諦めの気持ちがどんどん大きくなり、何を見ても好奇心が湧かなくなり、動画やゲームなどのスクリーンにしか興味を示さない受動的な子に育ちます。

娘が小さかったころ、わが家にお友だちを呼んで一緒にお菓子作りをしたことがありました。すると、そのお友だちが「いいなぁ、ルナちゃんのママはやさしくて。うちのお母さんにお菓子作りたいって言ったら絶対ダメって言う……」と言いました。私が、「お願いしたらやらせてくれるんじゃない？」と聞いたら、「もし〝ダメ〟って言われたら嫌だから言わない」と言っていました。

おそらくこの子の親は、子どもが望んだことでも、自分の価値観に合うことしか許さなかったのではないでしょうか。そして娘が「ママとお菓子作りをしたい」と思っていることすら知らなかったでしょう。このように、子どもの好奇心だけでなく、親子のコミュニケーションを広げるチャンスも失われてしまうのは悲しいことです。

よく、「うちの子に『何かしたいことないの？』と聞いても『別に』とか『わかんない』と答えていつもやる気がないんです」と相談を受けるのですが、その方にこれまでどんな子育てをしてきたかと聞くと、子どもの主張を拒否していた場合が多いのです。

自分の興味を持ったことを認められて協力してもらえると、子どもの自己肯定感はグンと上がります。そうなると、親が何も言わなくても、楽しみながら主体性を持って自分の興味をどんどん広げていくことができるようになるのです。

25 子どもの好奇心を察知しウィッシュリストに書き入れる

よく、「自分の好きなことがわからない」「やりたいことがない」という子どもがいます。こう聞くと「この子は物事に対する好奇心が希薄なのでは」と心配になりますが、**実際には好奇心がないのではなく、自分の興味があることを認識できていないだけのことがほとんどです。**

そんなときは、親が子どもの好奇心をピックアップするサポートをしてあげましょう。そうすることで、子どもの好奇心のアンテナ感度が上がりますし、それを叶えたいという欲望を強く持てるようになるので、夢の実現スピードも変わってきます。

「好奇心をピックアップするサポート」といっても、難しいことをするわけではありません。**子どもが何かを見て、「いいな」「やってみたい」「行きたい」「羨ましい」「ほしい」「ずるい」といった言葉を発したら、それが好奇心のアンテナが立ったサイン。**

これらの言葉を聞いたら、「面白いことに気づいたね」「それに興味があるんだね」「それをやってみたいんだね」と、子どもの気持ちを受け止めてあげましょう。

そのうえで、**子どものやってみたいことを「ウィッシュリスト」に書き込んであげるのです。これは小さい子だけでなく、思春期の子どもに対しても同じです。**

やりたいことやほしいものなどが可視化されることで、「自分は何に興味があるのか」ということを客観的に認識できるようになります。

★親がすべてを叶えてあげなければいけないわけではない

「今度、野球の試合を観に行きたい」とか「ピアノを習ってみたい」という希望なら、比較的叶えてあげやすいですが、「サハラ砂漠に行ってみたい」とか、「世界一周旅行をしてみたい」と言われても、すぐに実現するのは難しいですよね。

しかし、それに対して親が「叶えてあげなくては」というプレッシャーを感じる必要はありません。すべて親がやってあげなければいけないわけではないのです。

うちの息子は、テレビのクイズ番組で世界遺産やオーロラに興味を持ち、ペルーやアラスカに行きたいと言い続けていました。「自分で夢を叶えたらいいよ。頑張ってね」と応援していたら、自分で手に入れた給付型奨学金でその夢を叶え、その後はバックパック1つで世界中を旅していました。英語を話せない娘が「アメリカに留学したい」と言ってきたときも驚きましたが、「それは難しいよ」とは言わず、「それ、絶対楽しいね」と言いながらウィッシュリストに書き入れました。

逆に、「ここ、遠いからすぐには行けないよ」とか、「そんなお金、うちにはないよ」「いっぱい勉強しなくちゃ無理だね」などと否定していたら、それが頭に刷り込まれて夢を実現しようとしなかったかもしれません。

子どもとしては、何がOKで、何がダメなのかの境目がわからず、混乱してしまいますし、いちばんの味方であるはずの親から一刀両断されたら、未来への夢も希望も広がらなくなるでしょう。それどころか、親の顔色をうかがう子や、感受性の低い子になってしまうかもしれません。

どんな大きな夢や目標でも、時間をかければ実現できますから、気持ちを萎えさせる言葉を投げて、諦めさせる必要はまったくないのです。むしろ、積極的に応援してその好奇心の芽を育てていくことこそ親の務めと言えるでしょう。

★親の価値観を押しつけない

また、親の価値観を子どもに押しつけないことも大切です。

子どもが勉強やスポーツ、音楽などに興味を持つと、多くの親御さんは「いいね」「楽しそう」「一緒にやろう」と大賛成で応援すると思います。

一方、虫や爬虫類の飼育、どろんこ遊び、石ころ集めなど、親としてはつき合いたくないもの、一見情操教育とは関係なさそうなものに興味を示すと、とたんに「そんなこと誰もやってないよ」「ダメ」「やめて」「危ない」「汚い」と子どもの要望を完全にシャットアウトする親が多いのも事実です。

気持ちはわかりますが、子どもの気持ちを全否定してしまうと、自尊心が傷つきますし、何より自分の好奇心にふたをするようになってしまいます。

ウィッシュリストは子どもの好奇心を育てることが目的ですので、自分の価値観と合わないからと否定せず、どんどんリストに書き込んでいきましょう。

すると、自分の気持ちを受け入れてもらえる安心感から、「こんなことやあんなことは？」とさらに好奇心が豊かになり、チャレンジ精神も育ちます。

26

あえて、何も予定のない時間を作る

今は、大人だけでなく子どもの生活でも緻密なスケジュールを組まざるをえないことがあります。毎日の登園や登校のほかに、塾や習い事、宿題などで忙しく、ようやく空き時間ができると、スマホやユーチューブ、ゲームなどのスクリーンに時間をとられ、新しいことに興味を持つ時間やきっかけがありません。

時間ごとにやるべきことが決まっていて、空き時間もスマホでプッシュ型のおすすめ動画を観ているのでは、自分の頭を使って新しいことを考えたり空想したりすることが極端に減ります。

子どもの好奇心を養うには、「何も予定のない時間」を作ることも有効です。子どもの成長には、ぼーっとする時間も必要です。空想の時間を作ることでようやく自分の脳が動き出します。

あえて予定を入れず、テレビやゲーム、スマホなども一定の時間禁止するのです。そうすると、普段忙しくしている子どもほど、何をしていいのかわからなくなってしまうと思います。親のほうもそれに慣れていないので、つい「あれしてみたら？　これしてみたら？」と助け船を出してしまいがちですが、そこはグッと我慢です。

子どもたちの好奇心を育てるための時間ですから、親が楽しませるのではなく、「自分で楽しい遊びを考えてみて」と伝えましょう。

最初のうちは「えー、わかんない」とか、「つまんない」と文句を言ってくるかもしれませんが、徐々に自分で考え、まわりにあるもので遊びはじめますので、そのまま待ちましょう。

★出かける場所も何もないところを選ぶ

外に出かける場合も、子どもを楽しませようと水族館や動物園、遊園地などのアクティビティがある場所に連れて行きがちですが、できるだけ遊具のない公園や川、山、海など自然が多い場所に行くことをおすすめします。

これまで、そのような体験が少なかった子は、最初「つまらない」を連発すると思いますが、何も言わずに待っていれば、石投げ、花摘み、虫とりなどの遊びを自分で考えはじめるはずです。

そのときは、「好奇心の芽が出た」という目線で「危ない」「汚い」などと言わずに、やさしく見守りましょう。子どものなかから湧き出た好奇心につき合ってあげることで、その後も次々と好奇心の芽が出てくるようになります。

★道草を楽しむ

子どもが最も貪欲に物事に興味・関心を持つ時期は3～5歳くらいまででしょう。何を見てもキョロキョロと落ち着きがなく、動きまわり、何にでも触ろうとします。

親のやってほしくないことばかりをするので、大人はそれをネガティブに捉えがちですが、**「子どもが動くのは好奇心のサイン」**だと考え、できるだけつき合いましょう。

たとえば、公園に行くまでの道草の時間を大切にしてみましょう。特に帰りの時間が決まっていると、急いで連れて行って遊ばせてあげたい気持ちになり、行く途中に子どもが道端に咲いている花や水たまりに映る景色、石ころ、枝などに興味を示して立ち止まっても、「早く行くよ」と、つい急かしてしまいがちです。

でもその瞬間、子どもの興味・関心は、公園の遊具よりも花や水たまりのほうに向いているわけです。

公園の遊具は今日でなくても遊べます。でも、目の前の水たまりや石、花に対する興味はその瞬間を逃すとあっという間にしぼんでしまいます。

子どもが何かに興味を持った瞬間を大切にしてあげることで、好奇心を養い、そして与えられたもので楽しむのではなく、自分の感性を使って楽しむ感受性豊かな心を育むことができるのです。

27

工作の材料をたっぷりと用意し、大胆に使わせよう

息子のプレスクール時代に、「アメリカ人が自由で大胆な発想ができる根本的な要因は、こういう経験から学んでいることだな」と強く印象に残っていることがあります。

それは、教室に大量に用意された絵の具やペン、クレヨン、そして工作グッズを惜しげもなく使ってさまざまなものを作り上げていく子どもたちの姿です。

「1人につき紙何枚」とか「絵の具の量はこれくらい」といった制限はいっさいなく、まさに湯水のように資材を使っていたのです。

ですから、わが家では子どもたちの創造力を育む目的で、**「なんでも工作ボックス」**という名の大きな段ボール箱を用意して、そのなかにお菓子の空き箱やプリンのカップ、ラップやトイレットペーパーの芯、卵のケース、毛糸、布、ボタン、リボンなどを入れておき、いつでも気が向いたときに工作ができる環境を整えました。

また、使いたくなったときに、「これ使っていい？」とか、「貸して」といちいち私に聞きにくる必要がないよう、子どもたち専用のセロハンテープやガムテープ、紐、定規、ハサミなどの道具も自由に使えるよう用意しておきました。

好きなときに好きなだけ作りたいものを作れる環境が整ったことで、子どもたちの創作意欲や集中力が格段に上がりました。

★汚していい環境を作る

子どもが絵の具やクレヨンで絵を描きたいと言ってきたとき、床が汚れるのを恐れて、「床が汚れないようにね！」などと過度に注意したり、汚したことを怒ったりすると、子どもの創作意欲がしぼんでしまいます。

もちろん、私だって床や壁を汚してほしくはありません。そこでわが家では、大きな模造紙を壁に貼りつけて養生したり、水で落ちる画材を用意するなどの工夫をしていました。大きな紙に絵を描きたがったときには、外で描かせたこともあります。

こんなふうにして、汚れに対するハードルを極力低くするよう意識していました。

これらの工夫が功を奏したのかはわかりませんが、わが家の子どもたちは、2人とも制作物を通じて自己表現することが得意でした。

それでも娘は、中学校を卒業してアメリカに留学したばかりのころは、アメリカ人の発想の自由さと大胆さにたじろいでいました。しかし、翌年にはイベント担当として、巨大なオブジェを作って学校中をデコレーションするアイデアを出したり、実際にオブジェを制作したりと活躍していました。

★「もったいない精神」はあとからついてくる

ここまで読んで、「そんなに自由に使わせると、ものを大切にしない子になってしまうのでは？」と心配になった人もいらっしゃると思います。

しかし、**子どもの発想力や創造力を育てる時期には、多少の無駄や失敗体験が必要です。**

経験を重ねるうちに、必要なテープや紙の量を自分で考えられるようになります。

そうなる前に、親が「もったいないから、このくらいにしておきなさい」などと過干渉してしまうと、創作意欲だけでなく、必要な量を自分で考えようとする思考力にもブレーキをかけてしまうことになります。

「もったいない精神」は、あとから培うことができますので、特に就学前の時期は自由な創造力を伸ばすことを優先しましょう。

28

お片づけは1日1回で十分

ブロックで遊んでいた子どもが、突然別のおもちゃ箱から人形を取り出して遊びだした。その後、おもむろに絵本を出して読みはじめ、気がつくと部屋がとんでもなく散らかっている……。ご自宅をこんな状態にしないよう、1つの遊びが終わったらその都度片づけさせているご家庭も多いのではないでしょうか？

わが家には、「お片づけは1日1回、夕食前に家族みんなでする」というハウスルールがありました。つまり、「片づけは1日1回しかしない」ということです。

おもな理由は、途中で片づける必要がないので子どもたちが遊びに集中できること、そして遊んでいる最中に次々と湧いてくる、「あれもしたい」「これをしてみよう」という創造力発露のタイミングを逃さないためです。

1つの遊びが終わるたびに片づけをしないことで、1つのおもちゃでいろいろな遊び方ができるようになります。

たとえば、わが家のきょうだいが好きだったプラレールの場合、線路をレイアウトしている最中に、読みかけの本を使ってトンネルを作ってみたり、出しっぱなしのブロックで信号機や街を作ったり、近くにあったお人形を乗客にしたりして、2人でどんどん世界を広げていました。

部屋のなかがつねに片づいていたら、こういった発想は生まれません。まわりにいろいろなおもちゃが散らばっているからこそ発揮される創造力もあるのです。

こう言うと、「部屋が散らかっているとストレスが溜まる」という声が聞こえてきそうですが、実は逆です。昼間、いくら部屋が散らかっていても、夕食前には片づくとわかっていればイライラは減ります。

また、夕食前に片づければ、食事中におもちゃが気になってしまい、途中で席を立って遊びはじめることもなくなります。

どうしても抵抗がある方は、子どもが部屋を散らかしてもそっと見守ることは、子どもの脳を活性化させ、発想力、創造力を育むことだと考えてみてはいかがでしょう。

「いろんなものを出したら怒られるかな」などと親の目を気にして怯えていたら、決まった線路のパーツを組み立てることでしか遊べません。自由に遊んでいいと安心できる環境だからこそ、自由な発想で自分の考えていることを形にしたり、もっと楽しむ方法はないかと試行錯誤したりする力が伸びるのです。

★お気に入りの作品ができたときは数日間そのままにしておくことも

プラレールのレイアウトで大作ができたときには、夕食前の片づけもせずに2～3日そのままにしておくこともありました。毎日片づけさせてしまうと、ある程度の大きさのレイアウトしかできないからです。そのままにしておけば、翌日、さらに線路を足したりして、レイアウトをどんどん拡張できます。

当時住んでいた家はとても狭かったので、気づくと線路の端が廊下や玄関、洗面所などに広がっていることもよくありました。それをまたいで生活しなければいけないのは大変でしたし、2、3日掃除ができずホコリがフワフワ舞っていたこともありました。

「そんなに拡大してしまったら、子どもが片づけさせてくれないのでは？」と思うかもしれませんが、ドアの開け閉めに支障をきたすことや、掃除機をかけられないことがわかったのか、「お掃除できないから、一度お片づけしようか？」とひと言かければ素直に解体してくれました。満足するまで創作し心が満たされれば、親の気持ちも理解してくれるようになるのではないでしょうか。

ここでは、プラレールを例に挙げましたが、これはブロックでも工作でも同じです。**出しっ放しというと、だらしないと感じるかもしれませんが、興味のあるものが目につくところにあると、気が向けばすぐに創作を再開できますし、スマホやゲーム、テレビなどのスクリーンに時間を奪われることが格段に減るというメリットもあります。**

子どもがユーチューブばかり観ていて困るという問題の裏には、親が「片づけなさい」と言いすぎることがあるのかもしれませんね。

29

片づけは子どもだけでやらせず、できるだけ親子一緒に行う

お子さんに、「絵の具で絵を描きたい」「紙粘土で遊びたい」と言われたとき、「後片づけが大変だよ」などと言った経験はありませんか？

このフレーズは、一見子どもを気遣っているような印象を受けますが、その裏には、親自身の「面倒な後片づけに巻き込まれるのを避けたい」という心理が隠されていることがほとんどです。

また、絵の具や紙粘土で部屋が汚れた際、「自分でやったんだから自分で片づけなさい」と子どもだけで片づけさせたことがある人もいるのではないでしょうか？

どこの家でも見かけるやりとりに思えますが、このような親の言動は子どものクリエイティブな発想を狭め、やる気のアンテナをへし折ることになります。

楽しい遊びをひらめき、好奇心に火がついたとしても、最後に1人で面倒な片づけ

をさせられると思うと、無意識に遊びの規模を小さくしてしまうからです。

気づかぬうちに創造力、発想力に制限がかかってしまうのです。「やりたい」という気持ちがくすぶったまま成功も失敗も体験できないので、チャレンジ精神も徐々にしぼんでいきます。

大人だって同じですよね。たとえば、家族でキャンプに行って、あれもやろう、これもやろうとワクワクしていたのに「やるのはいいけど、最後は1人で片づけてね」と言われたら、片づけが面倒な道具をなるべく使わないようにするでしょう。

逆に、「最後はみんなで一緒に片づけるから、やりたいことを好きなだけやってみたら？」と応援してもらえれば、いろいろな道具を躊躇なく使うようになり、使い方のバリエーションも増えて、よりアウトドアを楽しめるようになるでしょう。

さらに家族が一緒に喜んでくれたり、褒めてくれたりしたら、「もっと試行錯誤してみよう」とやる気になるはずです。

★片づけの心配がなくなると、思いっきり遊べる

では、具体的にどうすればいいのか。

答えは簡単で、**親が「一緒に片づけてあげる」と約束すればいいのです。**

お片づけの心配がなくなると、子どもは思う存分遊べるようになります。

子どもが部屋が散らかりそうな遊びを思いつき、やってみたいと言ってきたときに、「それ、楽しそうだね」「5時まで時間があるから、たっぷり2時間は遊べるよ」「一緒に片づけてあげるから思いっきり遊んでいいよ」というひと言を言えるかどうかで、子どもの創造力、発想力の伸びは大きく変わります。

そのうえで、「今日もいっぱいおもちゃで遊べてよかったね」とか、「みんなで仲よく遊べて楽しかったね」など、遊べたことを褒めることで、楽しかった遊びの記憶が定着し、心が豊かになるとともに自己肯定感が上がります。

さらに、親が日常的に「一緒に片づけてあげるね」とやさしく笑顔で助けていれば、子ども自身が、誰かが困っているときに同じように助けてあげるやさしさが身につきます。そして、最後には「お部屋が片づくと家族が気持ちよく過ごせる」という感覚も身につきますので、「もうすぐご飯だからお片づけしてね」と言えば、「はーい」とだんだん1人でお片づけしてくれるようになります。

30

おもちゃの収納は「大雑把」が正解

おもちゃをしまう際、小さめの箱をいくつも用意して、種類ごとに分類して収納しているご家庭も多いのではないでしょうか？

親からすれば、次に使うときに探しやすいというメリットがわかっていますから、つい細かく分類して片づけさせようとしてしまいます。

しかし、小さいうちは属性を理解するのに時間がかかります。せっかくきれいに片づいた部屋にしようとしたのに、子どもがおもちゃをうまくしまうことができず、逆に親のイライラが溜まってしまうという結果になりかねません。

★親都合の収納法が子どもの創造力を奪う原因に

また、このような収納法は、子どもの創造力発達の芽を摘んでしまう可能性があります。理由は次の2つです。

1つめは、子どもにとって片づけのハードルが上がり、思いっきり遊ぶことを躊躇してしまうこと。2つめは、分類してしまうことにより、別のおもちゃ同士を組み合わせて遊ぶ機会が減ることです。

前述のとおり、いろいろなおもちゃが混ざっているほうが、より多くのアイデアをひらめいたり、工夫したりするようになり、創造力が伸びるチャンスが増えます。

わが家でも、子どもたちが小さいうちは、細かく分けることをせず、大きな押し入れ用の衣装ケースをいくつか用意し、それをおもちゃ箱代わりにして、「毎日、全部出して全部箱に入れればＯＫ」くらいの気持ちでいました。

もちろん、子どもが自ら「種類別に仕分けしたほうが探しやすい」と感じるようになったら、小物ケースを用意して「それぞれのものの定位置を決める」という概念など、整理整頓の仕方を教えてあげることは大切です。

COLUMN 5

散らかす子どもの姿を喜ぶ

子どもがおもちゃを次々に出してきて、思う存分散らかして遊ぶ時期は案外短いものです。イライラする気持ちもわかりますが、子どものエネルギーを感じて、「散らかすこと」をポジティブに捉えるよう、親自身が思考を変えてみましょう。

・この子は今、脳を使って遊びに集中している
・興味、感心、好奇心、意欲が素晴らしい
・創造力や発想力を育みながら、いろいろな遊びを展開している
・同じおもちゃを繰り返し、飽きずに使って遊んでくれるから元がとれた

このように視点を変えれば、「散らかすことは、脳と心の成長につながる大切なこと」

と思えてきて、微笑ましく感じられませんか？

片づけの習慣は大きくなってからでも身につきますが、散らかし放題を気にせず集中して遊ぶ能力は、制限をかけられた環境では育ちません。

本編でもお伝えしましたが、「自分で遊んだものは自分で片づけさせるのが当然」という常識を一度脇に置いて、一緒に片づける習慣をつけましょう。

★片づけをやる気にさせる声がけ

親子一緒に片づけようとしたときに、「ママ（パパ）が全部やって」などと言って、片づけようとしないこともあります。さすがにそれは困りますよね。

そんなとき、「なんで、1個しか片づけないの！」と言わずに、「上手に1個お片づけできるね」と、できたことを褒めてあげたり、「お部屋がきれいになるのは気持ちいいね」「おもちゃに〝ありがとう〟しておやすみさせてあげようね」と、気持ちを乗せてあげるような声かけをしたりすると、片づけようとしてくれます。

私はよく、「今日もいっぱい大好きなおもちゃで遊べて楽しかったね。さぁ、20分後にご飯だよ。お片づけを開始しよう！」「集中して遊んでいたから、目標のところまでだいぶ進んだんじゃない？　今日いちばん工夫していたのは、どんなところ？」など、子どもがいっぱい遊んで楽しかったことや、目標を達成した気持ちを満たすような言葉をかけてから、「クリーンアップ、クリーンアップ、エブリバディ・クリーンアップ♪」と歌いながら、一緒にお片づけをしていました。

また、「ハサミさんのおかげで工作をいっぱい楽しめたね。ハサミさんも疲れていますから、引き出しに入れて寝かせてあげましょう」など、子どもが喜びそうなちょっとしたユーモアを交えて伝えることで、やる気になってくれることもあります。

このような声かけをすれば、家庭内も和やかな雰囲気になりますよね。

第6章

どこに行っても通用するコミュニケーション力の育て方

★アメリカ留学を成功させた娘のコミュニケーション術

わが家の娘が留学先でゼロから人間関係を築き、高い成績を収め、楽しい毎日を送ることができたのは、英語の能力が人並み以上だったからとか、天才的に勉強ができたからではありません。もちろん、英会話も勉強も人並み以上に努力してきたことは間違いありませんが、最も大きな要因はコミュニケーション力の高さです。

それを確信したのは、娘の高校の卒業式に出席したときです。娘の名前を呼んで近寄ってくる友だちの多さにびっくりしましたし、たくさんの先生がわざわざ私のところまできて、娘を褒めてくれたことにも驚きました。

その後子育て支援の仕事をするようになり、自身の講座の受講生の方に説明しやすいよう、娘のコミュニケーション力のポイントを検証し、整理したことがあります。それが次の6つです。

1　相手が知らない人でも躊躇なく話しかけることができる
2　知らないことを恥と思わずに質問できる
3　先生や友だちに対する誠実な振る舞い
4　ていねいな言葉遣いやマナー
5　自分の考えを主張できるプレゼン力・表現力
6　感情のコントロールが上手

★おしゃべり上手＝コミュニケーション力ではない

コミュニケーション力は、大きく2つに分けられます。

1つは言語によるもので、もう1つはマナーや態度、身だしなみ、表情、ジェスチャー、視線の使い方などの非言語によるものです。

その2つをどう組み合わせるかで、相手と信頼関係を構築できたり、より深く相手を理解できたりすることにつながります。

コミュニケーションというと、つい「おしゃべり上手」な人、子どもで言えば「クラスの中心人物」的な人をイメージしてしまいがちですが、実際には違います。もちろん友だちと仲よく話すことができればその瞬間は楽しめますし、相手からもいいイメージを持たれますが、それだけです。

逆に言えば、おとなしい子、大勢の人に囲まれるのが苦手な子でも、自分の考え方をきちんと言葉にできたり、相手にいい印象を与える非言語コミュニケーションを使いこなせたりすれば、世界中どこに行ってもうまくやっていくことができます。子どもの性格はあまり関係ないのです。

★これからの時代は、プレゼン力向上も大切な要素

また、子どもの将来のために、プレゼン力を養ってあげたいという人も多いのではないでしょうか。

現在の親世代（おもに30～50代）のなかで「人前で話すのが得意です」と言える人はかなり少ないと思います。その理由は、幼少期から自分の意見を発表する機会が少なかったことと、自己肯定感の低さでしょう。しかし、これからますますグローバル化

が進むなかで、子どもたちには、人前で堂々と自分の意見を主張できるスキル、バックグラウンドの違う相手を言葉で説得するスキルなどが求められます。

娘は、幼少期から積み上げていった表現力やプレゼン力のおかげで、アメリカの高校でもディスカッションやディベートに臆することなく挑むことができたようです。

その姿勢は「授業への積極性」の評価にもつながりましたし、まわりの友だちから存在を認められるようになり、ボランティア活動やクラブ活動などさまざまなことに誘われるようになり、世界がどんどん広がっていきました。

最終的にはそれらの活動の経歴や成績、そこで出会った方々から素晴らしい推薦状をいただいたことが、大学進学へつながる成績の加算点になりました。

この章では、私がわが家の子どもたちに対して行ってきたことのなかから、コミュニケーション力向上、そしてプレゼン力向上に役立ったと思われるものを紹介していきます。

なお、先ほど挙げた6つのポイントのうち、「4ていねいな言葉遣いとマナー」については、次の第7章で解説します。

31 「聞く力」「伝える力」は親が自分の背中を見せて学ばせる

私は子どもたちが幼いころから、「子どものコミュニケーション力を上げるためには、親が実践して見せることがいちばん早い」と考えていました。

そこで意識していたことの1つが、親である私が知らない人に話しかける姿を子どもたちに見せることでした。

たとえば、観光で訪れた土地で道がわからなくなったら意識的に人に尋ねていました。観光地だけでなく、ショッピングモール内のお店やトイレの場所がわからなくて困ったときも、躊躇することなく近くにいる人に聞いていました。

見知らぬ人に対して積極的に質問する私の姿を見て育った子どもたちも、物おじすることなく知らない人に話しかけられるようになりました。なぜなら、話しかけた人のほとんどが親切に教えてくれることを自分の目で見て学んでいるからです。

先ほど挙げた、6つのポイントのうちの「1 相手が知らない人でも躊躇なく話しかけることができる」と「2 知らないことを恥と思わずに質問できる」は、これによって身についたと考えています。

★自分自身のコミュニケーションを分析する

また、見知らぬ人に何かを尋ねたり、お願いしたりすることには、「伝える力」「説明する力」を育む効果もあります。

たとえば、道を尋ねた際も、うまく説明してくれる人と、そうでない人とがいます。「今の人の説明、的確で無駄がなかったね」とか「今の人は、人に道案内することに慣れていないのかもね」などと分析しながら、どう説明すれば相手にわかりやすく伝わるのかを学ぶことができます。

逆に、観光地で写真撮影をお願いするときなどは、こちらの伝える力が試されます。あたり前ですが、希望の構図がうまく伝わればいい写真になりますし、こちらの意図がうまく伝わらなければ満足のいく写真にはなりません。

撮ってもらった写真を見ながら、自分の説明のどこがよかったのか、もしくはどこが足りなかったのかなどと分析することも、コミュニケーション力を向上させるためのいい訓練になります。

コミュニケーション力向上と聞くと、何か特別なことをする必要があるように感じますが、親が少し意識するだけで、子どもは日常のちょっとした出来事からコミュニケーション力の基本を学びとるようになります。

今はスマホがありますから、昔に比べて人に道を尋ねたり、「写真を撮って」とお願いしたりする機会は減りました。**ですから、親である私たちが見知らぬ人に話しかける姿を子どもに見せるよう意識しないとなかなかその機会が訪れません。**

親のほうにも多少勇気がいりますが、スマホですむとわかっていてもあえて人に話しかける姿を子どもに見せる意識を持ちましょう。

32

「相手はどう思うかな？」という問いかけは、意味がない

子どもがきょうだいを叩いてしまった。お友だちに意地悪をしてしまった。

こんなときは、子どもにコミュニケーションの要諦を教えるチャンスです。

なぜなら、**相手の気持ちを考えるきっかけになることはもちろん、自分の感情をコントロールする訓練にもなるからです。**

その際、親の接し方によって子どもの成長に違いが出ます。

たとえば、弟がお姉ちゃんの頭を叩いてしまったとき、あなたならどうやって注意しますか？

よくあるのが、「自分が叩かれたらどう思うの？」と聞くパターンです。相手の気持ちを想像させることで、子どもに「人を叩くことはいけないんだ」「もう叩かないようにしよう」と思わせるのが目的でしょう。しかし、この声かけだとその場のケン

力を収めることはできても、相手の気持ちを想像する習慣づけにはなりません。特に**未就学児の場合は、脳の発達が未熟で相手の立場に立って考えること自体が難しい場合が多いからです。**

★子どもが小さいうちは親が相手の気持ちを言語化する

では、どうすればいいのか。何も難しいことをする必要はありません。

「そういうことをされたら、〇〇君は悲しいんだってよ」「〇〇ちゃんは、そう言われたら寂しいんだってよ」というように、親が相手の気持ちを、ていねいに言語化してあげればいいのです。そうすることで、子どものなかで少しずつ状況と感情と言葉がリンクしていき、結果的に相手の気持ちを考え、自分の感情をコントロールすることができるようになるのです。

きょうだいゲンカなどのトラブルの際は、どうしてもその場を収めることに終始してしまいがちですが、それを利用して相手の気持ちを理解させ、感情をコントロールできるよう、根気よく向き合いましょう。

33

「わからない」「忘れた」を禁止にする

子どもに何か質問したときに、「わからない」とか「忘れた」と答えることがありますよね。わが家では、この2つの言葉を使うことを禁止にしていました。

これを許してしまうと、伝えることを簡単に諦めるようになってしまうからです。

そもそも、なぜ「わからない」とか「忘れた」と言うのかというと、

・表現する言葉がわからない
・考えるのが面倒
・考えない癖がついている
・反対意見を恐れている

などが原因です。これらを放っておくと、コミュニケーション力や思考力が育ちません。逆に言えば、こうしたちょっとしたことに気を配るだけでコミュニケーション力は育つのです。

★親の質問で子どもから答えを引き出す

やり方は簡単です。

たとえば、保育園からの帰り道に「今日の給食はなんだったの？」と聞いて「忘れた」と言われたら、そこで終わりにせず、**「主食はご飯だった？　麺類だった？」といったように選択できるような質問をしてみます。**こう質問すると、諦めずに脳を動かして考え、伝えようとするようになります。

「今日、学校で〝氷鬼ごっこ〟をしたよ」と教えてくれたので、「〝氷鬼ごっこ〟ってどんな遊びなの？」と聞き返すと「わかんない」と言われた……。こんなときは、「たとえば、〝ドロケイ〟みたいなもの？」などと、**例を挙げて質問すると「そうではないんだけど……」などと言いながら、伝わる言葉を探そうとします。**

また、子どもは、自分の頭に浮かんだ光景をそのまま話すので、何を話しているのかわからないことや、話題がコロコロ変わってついていけないことがあります。

そんなときは、相槌の代わりに、5W1H（「いつ」「どこで」「誰が」「何を」「なぜ」「どうやって」）の質問をはさみながら話を聞くことで、徐々にわかりやすく話せるようになります。


子どもの話を聞く際に気をつけたいのは、せっかく話をしてくれたのに、「えー、なんでそうなるの？」とか「それって変だよね？」などと、子どもの意見を否定したり、親の価値観を押しつけたりするような発言をしないことです。こうすると、子どもはあまり話したがらなくなります。

また、話の内容をすべて理解しようと真剣になりすぎず、子どもが気持ちよく話せるような相手役に徹することも大切です。子どもの話は要領を得ないこともたくさんあるので、あまり真剣になりすぎると、親自身がイライラしてしまうからです。

「自分の気持ちや考えを相手に伝えようとする力を養うこと」と「自分の考えを言葉にする練習」につき合っている、というスタンスでいればいいのです。

34 子どもと接するときは必ず目を見る

子どもたち2人が海外に留学したとき、「教えておいてよかった！」と心底思ったことがあります。

それは、**会話をするときに相手の目をしっかり見る**ということです。

旅行や仕事で海外に行ったことがある人はよくわかると思いますが、外国人の多くは、目が合うと微笑んでくれます。慣れていないと気恥ずかしさを感じますが、自分の存在を受け入れてくれていることを実感できるので、はじめての土地でも安心感を得られます。

日本では気にする人はそれほど多くありませんが、海外では相手の目を見ないで会話をすることは、マナー違反としてとても失礼にあたります。

にもかかわらず、「日本人は相手の目を見て話さない」というイメージを持っている外国人は少なくありません。

逆に言えば、目を見て話す習慣を身につけておくだけで、外国に行ってもまわりの人から信頼を得られ、話も聞いてもらえるようになるのです。

実際に娘が留学した当初、「あなたみたいにしっかりと目を見て話せる日本人に、はじめて会った」と言われたそうです。それくらい、日本人には目を見て話す習慣がないのです。もちろん、意図的に相手の目を見るトレーニングをしている人も少ないでしょう。

★日本では、意識しないと目を見て話せるようにはならない

日本に住んでいると、相当意識しなければ相手の目を見る習慣は身につきません。

私が相手の目を見ることの大切さに気づいたのは、アメリカに住んでいたときなのですが、日本に帰国してしばらくしたころ、自分自身が子どもたちの目を見て話をしていないことに気づきました。きっかけは、子どものまっすぐな眼差しにドギマギしたことでした。自分がしっかり子どもたちの目を見て話していないから、居心地の悪

さを感じたのだと思います。
私はそれをものすごく反省し、時間に追われて忙しいときほど、子どもの目をしっかり見て話を聞くように自分自身をトレーニングしました。話がなくても、目が合ったらやさしく微笑むようにしたし、ときには変顔をしたり、ウィンクをしたりするなど、意図的にアイコンタクトの量を増やしました。

もちろん、目を見て話すことの重要性は言葉でも伝えましたが、やはり親である私が普段から子どもたちの目を見て話していたことが、今につながっているのだと思います。

ここまで読んで「うちの子はシャイだから目を見て話させるのはハードルが高い」と思った方もいらっしゃると思います。しかし、性格は関係ありません。
もちろん時間はかかると思いますが、親が普段から目を見て話していればどんなタイプの子でも相手の目を見て話すことができるようになりますので、根気強く取り組んでみてください。

35 プレゼン力は「自慢大会」で養う

「日本人は自己主張するのが苦手だから、わが子が将来困らないようプレゼン力を高めてあげたい」

こう思っている親御さんも多いことでしょう。ここからは、わが家の子どもたちのプレゼン力を伸ばすのに役立ったことを2つ紹介しましょう。

1つめは、アメリカのプレスクールで行われていた教育です。

私が渡米した当初、「アメリカの子どもは人前で話すのが得意だなぁ」とよく感じていました。スーパーの店員さんや、公園にいる知らないおじいさんに突然話しかけられても、ほぼすべての子ども（普段、物静かな子であっても）が、臆することなく堂々と、自分の意見を主張できていたからです。

はじめのうちは、「日米でこれほどまでに差があるのはなぜなんだろう？」と疑問に思っていました。

その理由を理解したのは。息子が3歳のころ通っていたプレスクールの参観日に行われた「Show & Tell（ショー・アンド・テル）」というイベントでした。

「Show & Tell」とは、それぞれの園児が自分のお気に入りのものについて、

・なぜそれが好きなのか？
・どこがお気に入りポイントなのか？
・どうやって手に入れたのか？
・それを使ってどんな遊びをしているのか？

といったことを、クラスメイトや親の前で発表したり質問に答えたりするイベントです。私はこれを「自慢大会」と呼んでいました。

テーマはさまざまで、好きな絵本を紹介する日、家族について話す日、お気に入り

のぬいぐるみを見せる日など毎回変わります。

★プレゼンの練習は、スキルだけでなく自信も育てる

最も驚いたのが、どの家庭もこの発表会のために、親子で事前の準備をしっかり行っていたことです。話す内容と順番を決め、資料を作り、何度も練習してから本番に臨んでいたのです。

もちろん最初はうまく発表できない子もいましたが、回を重ねるごとに全員のプレゼン力が上がっているのは明らかでした。

わが家でも、親子一緒に何度も「Show & Tell」の練習をしました。その結果目に見えてスキルが上がりましたし、慣れてくると、自慢したい気持ちを受け入れてもらえる喜びを感じるので、自己肯定感も上がりました。そして、次はもっと伝わる発表にしようという意欲も向上していきました。

アメリカでは、「人前でうまく自分の気持ちを伝えられるようになる」「自己主張で

きるようになる」という明確な目的のもと、日常的にさまざまな機会が用意されています。そして、まわりの大人たちが少しずつ自信をつけていけるようなサポートをしているので、どんな性格の子どもでも徐々に場慣れして、自然とプレゼン力が身につくのです。

★「Show & Tell」は家庭でもできる

ここで紹介した「Show & Tell」はご家庭でもできます。ぜひ、祖父母や親せき、お友だちなどに向けて自分の好きな物事をプレゼンさせてみましょう。テーマはなんでもかまいません。

なお、ご自宅で「Show & Tell」を行うときは、親のリアクションが重要です。次の3つのポイントを押さえながら聞くと、子どもも話しやすくなるでしょう。

1 子どもの好きなことに興味を持っているかのように聞く

「はじめて見たよ。何がきっかけでそれをはじめたの？」

「すごいことやっているね。これの面白いところってどこ？」

2 話が広がるように聞く

「素晴らしいね。そこから今後どうしようと思っているの？」

「その後どうなったの？」

3 自慢できそうなポイントを聞く

「とても楽しそうだけど難しくないの？」

「どういうふうに頑張ったらそうなれるの？」

特に、頑張っているポイントや目標を聞いてあげると、好きな物事に対する情熱や計画を夢中になって話してくれるようになります。

36

小学校高学年になったら「自分の欲望」をプレゼンさせる

わが家の子どもたちのプレゼン力を伸ばしたことの2つめは、私の元夫へのプレゼンです。

子どもが小さいころは、私の稼ぎだけでは教育費をすべて捻出することができませんでした。

元夫とは、公正証書を通じて教育費を支払ってもらえる取り交わしをしていたため、必要なときには援助をお願いしていました。しかし、塾にかかる費用、そして留学の費用などの大きな出費については、子ども自身がその必要性を説明することが条件でした。動機や目的、メリット、期間、金額など、元夫を納得させることができたら支払ってもらえるシステムだったのです。

子どもたちは、プレゼンで一発ＯＫしてもらうために、数字を細かく織り交ぜて説明資料を準備して挑んでいました。それでも一度では納得させることができず、落ち込んだり、悔しくて泣いたりする経験もしました。そのたびに、「大人になったとき、どんな相手でも納得させられるようなプレゼン力を高めておくことは必ず役に立つから、将来の練習だと思って挫けずに何度も挑戦しよう」と応援して、一緒に作戦を立て直していました。

いちばん大変だったのは、娘がアメリカ留学中に車を買ってもらうためのプレゼン（アメリカでは車がないと自分だけで移動できない）で、お金を出してもらえるまで2年もかかりました。あまりにもＮＯを繰り返す元夫に対して、痺れを切らしたホストファミリーのパパまでが応戦してくださり、ようやくゲットできたときには、みんなで大喜びしたのを覚えています。

正直、私にとってこのプレゼンは毎回ストレスでしたが、子どもたちのプレゼン力向上に役立ったことは間違いないので、その点は感謝しています。

★ほしい理由をプレゼンさせる

ここまで読んで「わが家ではこんなシビアなプレゼンをする機会はない」「事情が特殊すぎる……」と思った人も多いと思います。でも、日常的によくあるこんな局面でも、同じようにプレゼン力を鍛えることができます。

たとえば、子どもが、突発的にほしいものに巡り合ってしまったとき「買って！買って！」と駄々をこねることがあります。そのしつこさに根負けして無秩序・無計画に買い与えてしまっては、ワガママな心を育てるだけです。

とはいえ、すべて「ワガママ」で片づけて、子どもの欲求を拒否して、なんでもかんでも諦めさせてしまっては、物事に対する興味・関心や、新たな世界への可能性を潰してしまうことにもなりかねません。

そんなときは、「プレゼンしてごらん」と言って、

- **なぜ、それがほしいのか？**
- **どこに売っていて、いくらなのか？**

・手に入れたらどんなメリットがあるのか？
・デメリットをどうカバーするのか？
・買う側（親）にはどんなメリットがあるのか？
・すぐに買えない高価なものの場合、どのような努力に対するご褒美に設定するか？

といったことを話してもらい、親を納得させることができれば買ってあげるようにしてはいかがでしょうか。

たとえば、ゲームがほしい場合はこんな感じになると思います。

・なぜ、それがほしいのか？↓友だちがみんなこのゲームで遊んでいるから
・どこに売っていて、いくらなのか？↓駅前の〇〇電機に2万円で売っている
・手に入れたらどんなメリットがあるのか？↓仲間外れにならなくてすむ
・デメリットをどうカバーするのか？↓やりすぎて勉強に支障をきたさないよう、1日1時間でやめると決める
・買う側（親）にはどんなメリットがあるのか？↓弟もできるゲームだから一緒に

遊べば、きょうだいゲンカが減る

・すぐに買えない高価なものの場合、どのような努力に対するご褒美に設定するか？

↓次のテストで学年トップ10に入ったらご褒美に買ってほしい

本当にほしいものなら、子どもは目の色を変えて一生懸命プレゼンしますし、何度かダメ出しをすれば、どうすれば相手を説得できるかを考えるようになります。

プレゼン力は、幼少期からこういった経験を積み重ねていくことで伸ばしていくことができるのです。

COLUMN 6

思春期は親子の会話をオンラインで行うのもあり

今や小学生でもスマホを持つ時代、中学生では約7割、高校生になると9割方の子どもがスマホを所持しています。それに伴い、オンライン上でのコミュニケーションの割合が年々増えています。

オンラインでのコミュニケーションは、テキストが中心。ニュアンスがうまく伝わらずに誤解されてトラブルに発展することもあるため、表現の仕方には細心の注意が必要です。オンライン上でのコミュニケーションスキルやネットリテラシーは、これからの時代に必須ですので、若いうちに身につけさせたいものです。とはいえ、友だち同士のオンライン上のコミュニケーションに親が介入することはほぼ不可能です。

では、何もできないのかと言えばそうでもありません。**親子でSNSを活用して、言葉遣いやネットリテラシーについて、親子で話し合う機会を設ければいいのです。**

★親子でSNSを活用しよう

SNSやオンラインでのコミュニケーションに抵抗がある親御さんもいらっしゃるかと思いますが、メリットもあります。

特に思春期のお子さんとのコミュニケーションの場合、対面だと反発してしまったり、恥ずかしがって本音が言えないことがあります。しかし、オンラインだと案外素直に感謝の気持ちを伝えたり、アドバイスを求めたりすることができます。

親としては、「対面で話したほうがいいのでは」と考えてしまいがちですが、対面でうまくいかない時期はそれに固執せず、オンライン上でサポートしてもいいと思います。そのほうが、おたがいに感情的にならずにすむこともあるでしょう。

わが家では、昔から家族のグループLINEを作っていて、そこでおたがいの近況や写真、情報の共有をしています。2人とも独立した現在では、生活スタイルや時間帯が全員異なるので、このグループLINEには本当に助けられています。

第7章

わが子を自立に導く「しつけ」のコツ

★ 自立のためのしつけは、大人になってからの生きやすさにつながる

わが子には早く自立してほしい。

こんなふうに思っている親御さんも多いことでしょう。

自立のためには、時間管理や整理整頓などの基本的生活習慣やマナーを身につけさせることが必要です。また、これらの素養は社会に出たあとにまわりの人から信頼を獲得するためにも必要になります。

マナーや基本的生活習慣が身についている人は、日本だけでなく、海外に行っても信頼されますし、他者とのコミュニケーションもスムーズになります。これらの習慣は、大人になってからの人生を生きやすくしてくれます。逆に、言葉遣いが悪い、時間を守らないといった印象がついてしまうと、どこの国に行っても信用されないのは目に見えていますよね。そうなると、人生はとたんに生きづらくなります。

★しつけは長期的な視点が大切

とはいえ、「わが子に基本的生活習慣を身につけさせねば」と意気込みすぎて、子どもたちに「あれしなさい！　これしなさい！」と命令する、もしくは「あれはダメ、それもダメ！」といろいろ禁止しながら身につけさせようするのはＮＧです。

特に、未就学児に対しては「将来、自分では何もできない人間になってしまうのではないか」と心配して、厳しくガミガミ言ってしまいがちですが、このようなしつけは、犬や猫などのペットに対するやり方と同じです。

ペットのしつけは、飼い主が主導権を握り、寝る場所もご飯と散歩の時間やルートも、飼い主の都合に合わせてコントロールします。なぜなら自立させる必要がないからです。

しかし、子どものしつけは同じようにはいきません。親の都合のいいように育てるのではなく、将来社会に出て自立してもらうために、子どもの年齢や理解度に合わせて、生活習慣やマナー、社会的モラルなどを身につけられるよう親がサポートする必

要があります。

また、基本的生活習慣やマナーは、子ども自身が「これらは生きていくために必要なことだから身につけたい」と自発的に思えるようにならないと身につきません。

ガミガミ言うと、子どもの脳が反発して受け止められなくなりますから、**親が長期的な視点を持ち、「子どもが自立するまでにできるようになればいい」くらいのおおらかな気持ちでサポートすることが大切です。**

わが家の場合、息子は高校、娘は中学を卒業したら親元を離れて生活すると決めていたので、それまでに自立できることをゴールにしてしつけをしてきました。子どもたちもその期限を意識して自立に向けた心の準備をしていました。

明確な期限があったことは、親子おたがいにとってよかったと思います。

子どものしつけは幅広い分野がありますし、専門の書籍もたくさん出ています。紙面の都合もありますので、本書ではわが家の子どもたちが自己実現するうえで役に立ったノウハウに絞ってお伝えしていきます。

37 お駄賃制度でお手伝いのきっかけを作る

子どもの自立を促すためのしつけとして、身につけさせたいことの筆頭は「お手伝い」の習慣でしょう。お手伝いは、家事や育児など親の仕事を体験することで、1人で生活していくために必要な技術を習得するための大事な機会です。

しかし、親がそれをわかっていても、ご家庭によっては「子どもがなかなか手伝いをしてくれない」ということもあるでしょう。

わが家では、お手伝いの習慣をつけるきっかけとして、「お風呂掃除：20円」「お皿洗い：50円」「靴を並べる：10円」などと、きちんとルールを決めたうえで、お駄賃をあげていました。

「家族は助け合うのが当然だから、お手伝いにお金を発生させる必要はない」という意見もあると思いますが、**特に子どもが小さなうちは、頼んでもやってくれないこと**

が多いので、私はお手伝いのきっかけ作りとしてお駄賃をあげることは、問題ないと考えています。

★お手伝いの目的をお金にしないよう声かけする

ただし、お手伝いの目的がお金だけになってしまうと、そのうち「面倒だからやらない」とか、「お金いらないからお手伝いしない」ということになってしまいます。

わが家ではそうならないよう、お手伝いをしてくれたあとは必ず、

「ママが助かると思ってやっておいてくれたんだね。ありがとう」

「ずいぶん頑張ってくれたから、ピカピカで気持ちがいいね」

「そんなに細かいところまで気がついてやってくれたんだね」

「前よりも仕上がりがていねいだから、みんな気持ちいいね」


などと、お手伝いをしてくれたことへの感謝や子どもの心の成長、そのお手伝いが

まわりにどう影響したかなどについて、きちんと言葉にして伝えていました。

これらの声かけによって心が満たされて、さらにお駄賃までもらえるのですから、わが家の子どもたちがお手伝いを嫌がることはさほどありませんでした。

このように親自身が、子どもにお手伝いをさせる目的は、「労働の喜び、人の役に立つ喜びを知ること」「子どものスキルアップ」「自立への第一歩」であると自覚して、日常的に声かけを行っていれば、お手伝いの体験が自立へとつながっていきます。

38

子どもが大きくなったら、お手伝いを「仕事化」する

子どもが小学校中学年くらいになったら、お手伝いを一種の「労働」「仕事」として認識してもらえるよう工夫しましょう。そうすることで、自立に向けたトレーニングとしての側面をより強くすることができます。

わが家では、私が子どもにお手伝いしてほしい項目を「本日のお手伝いリクエスト」としてホワイトボードに記入していました。

そうすることで、親が何を求めているのか、何に困っているのかがわかるので、そのなかから自分がどんな役に立てるのかを考え、自主的に動けるようになります。

また、お駄賃の仕組みもさらに進化させ、「お役立ち価格表」というリストを作りました。娘は、私が作った価格表を見ながら、自らＴＯＤＯリストを作り、どんどん

仕事をこなしていきました。また、価格表にない「窓を開けて空気を入れ替える」「カーテンを開ける」「ゴミをまとめる」など、「家族が快適に過ごすための名前のない家事」にも気づき、適正価格を考えてリストに追加したり、「お仕事のクオリティを上げるから値上げしてほしい」といったプレゼンをしてくることもありました。もちろん、すべてではありませんが、おたがいが合意したものは喜んで応じていました。

また、はじめたころは日払いだったお駄賃も、娘がノートにお手伝いした内容を記入し、週末にまとめて支払うシステムに変更しました。**より仕事感が出せるうえ、そのノートを見れば、自分がどれほど頑張ったのかが一目瞭然なので、大きな達成感、家族に貢献したことに対する満足感が味わえます。**さらに、褒められたり、感謝されたりすることで自己肯定感もぐんぐん上がっていきました。

もちろん、子どもにお手伝いの習慣がつけば親も助かります。

疲れて帰宅したときに、洗濯物を畳んであったり、ご飯が炊けていたり、お風呂がきれいになっているだけで飛び上がるほど嬉しかったし、精神的にもかなり余裕が出ました。ですから、感謝の気持ちもたっぷり伝えましたし、褒めまくりました。

★お手伝いの「仕事化」でビジネスマインドも身につける

このような仕組みでお手伝いを「仕事化」すると、子どもたちのスキルアップだけでなく、先を見通す力や、人のために役に立つ喜び、需要と供給の概念など、将来仕事をするうえで大切なマインドも身につきます。

たとえば、うちの息子にとってコスパ最強のお手伝いは、「妹の家庭教師：10分100円」でした。このお手伝いを通じて息子は、

- **自分自身に高い付加価値を持たせることの重要性**
- **人に教えることが、自分自身の知識の定着につながること**
- **顧客満足度を上げるとリピート客がつくこと**

を大いに学んだようです。

娘も、このときに息子に教えてもらった「効率的な勉強の仕方や、テスト対策の方法」が、その後の勉強にとても役立ったそうですので、家族みんながＷｉｎ－Ｗｉｎの結果になりました。

★小学校を卒業したら、お駄賃制度から卒業させる

ちなみに、わが家では小学校高学年になった段階で、「親のお手伝いをしてあげる」という意識を改めてもらいました。具体的には「将来、自立して1人で生活できるようになるためのスキルを身につけよう」という目的をはっきり伝えることで、子どもたちにより自立を意識させるようにしたのです。

その結果、中学生になるころには、「お手伝い＝自立のためのトレーニング」という意識が醸成され、お駄賃を請求してくることはまったくなくなりました。

39 家族内であっても遅刻は厳禁

ここまでお手伝いについて紹介してきましたが、子どもの自立のためにわが家で取り組んできたことはまだあります。その1つが時間管理です。

時間管理の基本を学ばせるうえで最も簡単なのが、遅刻は悪だと教えることです。

わが家は、たとえ家族間の待ち合わせであっても、遅刻は厳禁と教えていました。「家庭内での行動すべてが、社会生活の予行練習である」という気持ちをつねに持っていたので、家族同士でも約束の時間を守ることの大切さを伝えていたからです。

日本人の時間厳守は世界的に有名です。だからこそ子どもたちには、**「これから世界を相手に活躍の場を広げていく気持ちがあるなら、遅刻するだけで〝平均以下の日本人〟と評価され、信用されなくなるから、時間厳守は重要だよ」**と伝えてきました。

また、遅刻すると次のようなデメリットがあると、事あるごとに教えていました。

・遅刻しただけで、相手に「ごめんなさい」と謝るマイナスからのスタートになる
・時間管理ができないことで、自分の価値を下げて信用を失くす
・相手が「大切にされていない」と感じるため、自分も大切にされなくなる
・相手の時間を奪ったと見なされ、嫌われてしまう
・精神的な焦りから、ミスを招きやすくなる

★相手が遅刻してきたときは遅刻のデメリットを教えるチャンス

さらに、子どもと一緒に待ち合わせをしているときに、相手がルーズで遅刻してきたときは、あとからその人について話し合っていました（はっきり言えば悪口です）。少し感じは悪いですが、自分が反対の立場になったら相手はどう感じるのか、まわりの人はどう感じるのかを客観的に理解させることができます。

そのうえで、自分がそうならないための方法も一緒に考えていました。

40 時間管理をとおして集中力も養う

わが家では、時間管理を通じて集中力の大切さも教えていました。

集中力がつけば、将来スポーツと勉強を両立させる、受験勉強で成果を挙げる、効率的に仕事を行うといったさまざまなことに役立ちます。さらに、時間管理ができる人は世界中どこに行っても信頼されますから、自己実現のチャンスも広がります。

具体的には、次の3つのルールを決めて、放課後の時間の使い方を子どもに考えさせることをしていました。

1 宿題は必ず終わらせる
2 「マスト時間」以外は自由
3 就寝時間（21時）を守る

2の「マスト時間」とは、ご飯やお風呂、明日の準備など必ずやらなければいけないことをする時間です。

たとえば、低学年のころは、学校から帰宅した子どもを「早く遊びに行っておいで」と公園に送り出していました。特に、冬場はあっという間に暗くなってしまうので、学校が終わったらまず遊びに集中させ、遊びから帰ってから宿題などやるべきことを行うようにさせていたのです。

私は宿題を**「逃げられないタスクを、限られた時間を効率的に使って達成し、成果を挙げるための練習」**と考えており、子どもたちにもそう伝えていました。ですから、どんなに時間がなくても宿題をやらずに学校に行くことは許していませんでした。

そのうえで、就寝時間は健康に配慮して21時と決めて守らせていました。

そうなると、遊びから帰宅する17時ごろから21時までの間に、夕食、お風呂、歯磨き、着替え、明日の準備、宿題という6つのタスクをこなさなくてはなりません。

もちろん、夜の時間だってテレビを観たい、ゲームをしたいという気持ちもありますから、おのずと時間を逆算しながらタスクをこなす力と集中力が育まれます。

宿題や歯磨きなどやるべきことを効率的にこなせばこなすほど、テレビやゲームなどの娯楽の時間が増えますので、それを目標に集中しようとするのです。

高学年になると、帰宅後の習い事や好きなことに使う時間を増やしたかったようで、宿題は学校の休み時間に終わらせてから帰宅するようになりました。

★最初はうまくできなくていい

ここまで読んで「うちの子に時間の使い方を自分で考えさせると、遊んでばかりで結局親が宿題をやらせることになる……」と思った人も多いことでしょう。

はじめのうちは、それでいいと思います。

もし、お子さんが宿題をあとまわしにしてゲームをしてしまっても、次のように声かけして、子どものモチベーションを上げてあげましょう。

まずは好きなことを認めるように、「ゲーム大好きなんだね」と寄り添ってから、「宿題を終わらせてスッキリすれば、もっと集中してできるよ。一緒に手伝ってあげるから宿題持っておいで。早く終わったら、そのぶんボーナスタイムで遊ぶ時間を増やしてあげるから頑張って！」と、ちょっぴりニンジン（ご褒美）もぶら下げながら応援してあげるのです。

「ニンジンをぶら下げないとやらない子になってしまうのではないか」と心配する人もいますが、大人だって行動を起こすのには、何かしらのモチベーションが必要です。ニンジンはあくまでも動機づけだと考えましょう。

なお、ニンジン（ボーナスタイム）につられて、宿題を先に終わらせられたときには、**「今回は宿題を先に終わらせようという計画性があったね。早く終わらせられた集中力も抜群だったね。ゲームを我慢できたのが自制心だし、宿題をやりきってスッキリしているのは達成感というものだよ」**などと、**子どもの起こした行動の1つひとつに、あとづけでいいので意味を持たせて声かけすることがポイントです。**

こうすることで、同じ「ニンジンにつられた」行動でも、子どもは「無理に宿題をやらされた」ではなく、「自分で考えて行動できた」と感じます。

すると、自分で自分の成長を感じられますし、それが積み重なると徐々に時間管理のメリットを理解するようになり、最終的にはニンジンがなくても自主的に行動できるようになっていくのです。

41

挨拶は世界中どこに行っても役立つスキル

ここまで、お手伝いや時間管理など自立のための基本的な生活習慣の身につけさせ方について解説してきましたが、もう1つ大切な要素があります。

それは、マナーです。マナーは社会生活を送るために必要な素養ですが、それ以外にも、

- 他者と信頼関係を築ける
- 人間関係が広がる
- 自信につながり、積極的に行動できるようになる
- チャンスに恵まれるようになり、自分の可能性が広がる

といったことにつながります。

子どもにマナーを身につけさせるうえで大切なのは、大きな声で怒鳴ったり、叱ったりと恐怖を与えてしつけを行わないことです。心が満たされていなければ、マナーを守ることにまで意識が向かないからです。

マナーといっても、いろいろあります。ここからは、私が特に大切だと思ったマナーである「挨拶」と「ていねいな言葉遣い」についてお伝えします。まずは「挨拶」です。

★挨拶の手本は親が示す

日本では、知らない人に挨拶はしませんし、仮に目が合っても表情を変えないのが普通です。しかし、海外に行くとそれが普通ではなくなります。

外国ではたとえ知らない人であっても、目が合うと、おたがいにっこり微笑んだり、軽く挨拶したりすることは、自然なコミュニケーションの1つです。

わが家では、子どもたちが海外に出たとき、現地の人といい人間関係を築けるよう、日本にいるころから、近所を散歩しているときにすれ違った人に挨拶するなど、私自身が実践して見せていました。前章でも書きましたが、コミュニケーションについては、親が子どもの前で実践することが大切だと考えていたからです。そのうえで、他人に挨拶することのメリットを次のように言葉で繰り返し説明していました。

- **相手と自分との間にある心の壁を取り除きやすくなる**
- **相手と自分の存在を認め合える**
- **相手に好意を持っている、もしくは嫌いではないということの表れになる**
- **信頼関係を築きやすくなる**

★叱るのは逆効果。褒めてモチベーションを上げる

よく、小さな子が親から「きちんと挨拶しなさい！」と叱られている場面を目にしますが、これは逆効果です。親自身が挨拶をしていると、そのうち子どもも挨拶するようになりますから、そのときに「気持ちのいい挨拶をしてくれると気分が上がるね。ありがとう！」「大きな声で挨拶してくれると、相手にあなたが元気なことが伝わるね」

などと、挨拶される側の気持ちを伝えながら褒めてあげましょう。

たとえモジモジしたり、小声になってしまったりしても、それを注意するのではなく、「頑張って挨拶できたね」と、チャレンジ精神をしっかり褒めてあげましょう。

こうすると、「また挨拶しよう」という気持ちにもなりますし、挨拶の目的や意義も学ぶことができます。

他人に対して挨拶するのが苦手な子には無理にさせようとせず、まずは家族間で気持ちよく挨拶する練習をすれば十分です。

特に、「こんにちは」や「さようなら」は、家族間で言うチャンスがあまりないので恥ずかしがる子も多いですが、家庭内でもそれらの言葉を使って挨拶トレーニングをしてあげるのもいいでしょう。

42

子どもの乱暴な言葉遣いに親が慣れてはいけない。しつこく注意しよう

子どもに教えておいてほしいマナー、2つめは「ていねいな言葉遣い」です。

私がイギリスに語学留学していたときのホームステイ先では、家族間の些細なお願いにも「Please」をつけていました。そして、何かしてもらったら即座に「Thank you」とお礼を言い、言われたほうは「You are welcome」と返す。この流れが徹底されていたことに驚きと感動を覚えました。

これは、アメリカでも同じでした。

どんなに小さな子どもでも、お願い事をするときは「Please」をつけないと聞き入れてもらえません。何かをほしがってぐずっていたとしても「マジックワード（魔法の言葉）は？」などと、「Please」と言えるまでしつこく催促されます。

さらに「Thank you」もかなり催促され、きちんと言えれば、にっこり微笑みながら「グッド・ボーイ（ガール）」と大げさに褒められますので、子どもたちは頑張ってマジックワードを習得します。もちろん、わが家でも子どもにもその習慣を徹底していました。

そのおかげで、日本に帰国してから、子どもたちが、「お願いします」「〜してください」「ありがとう」と、私に言うのを聞いたほかのご家庭の方から、「お子さんたちが、ママに対してとても礼儀正しくてびっくりした」とよく言われました。

なかには、「とって！」「持って！」「読んで！」など、親に命令口調で伝える癖がついてしまっているお子さんもいらっしゃるのではないでしょうか。親のほうもそれに慣れすぎていて、特に注意することなくやってあげている場合も多いでしょう。

わが家では、柔らかく「〇〇してくれる？」や、「〇〇してね〜」という表現はOK。しかし、「水！」や「水とって！」のように、命令的な言葉を使ったときには、「お水をとってください」と言えるまで、「え？　なんですかその言い方は（笑）」と、笑顔で聞き返していました。

もちろん、気持ちのいいお願いフレーズを言えたときには、「はいどうぞ」と笑顔で対応することも忘れないよう意識していました。

★断るときは「ありがとう」を添えるよう教える

忘れがちなのは、断るときです。たとえば、「冷蔵庫にスイカがあるけど食べる?」と聞いたとき、「いらな〜い」と返される。わが家では、この言い方をNGにしていました。英語では、何かを断るとき、「No thank you」と言います。直訳すれば「結構です。ありがとう」。**それに倣って、子どもたちには「今はいらないかな。ありがとう」と、お礼のひと言をつけるよう繰り返し伝えていました。**

ここで紹介した、ていねいな言葉遣いを習慣化するには、親が繰り返し注意し続ける以外方法はありません。諦めることなく、「自立するまでに身につけばいいや」という感じで気長にかまえておくことがポイントです。

★大きくなったら文章のマナーも教える

スマホやPCでテキストメッセージを送るのがあたり前の現代においては、言葉遣いだけでなく、ていねいな文章の書き方も教えておく必要があります。

わが家では、年上の方にメールで連絡する機会が多くなる中高生になってから、ていねいな文章の書き方を教えました。

たとえば、部活の顧問の先生や先輩、習い事の先生などに連絡する際は、親がポイントを伝えながら一緒に文章を考えてあげるといいでしょう。

わが家の子どもたちには、私の友人や親せきなどに何かお祝いしていただいた際、お礼のメールを送ったり、近況を報告させたりしていました。

その際は、お礼のフレーズや形式をひととおり教え、子どもたちが書いてきた下書きを私が添削していました。はじめのうちはうまく書けませんでしたが、何度か経験するうちに、徐々にコツをつかんでいきました。

43

敬語を学ぶいちばんの方法は「おままごと」

わが家では、子どもが小学1年生になったくらいから、目上の方に対して敬語を使えるよう訓練しました。

たとえば、家族以外の人に対しては、「お父さん・お母さん」ではなく「ちち・はは」と呼ぶように伝えてきましたし、語尾も「です・ます」と言えるよう、日ごろから気をつけていました。

なぜなら、アメリカで近所の小学1年生たちが、私たち大人に対してとてもていねいな敬語で話すのを聞いて、小さいうちからの家庭教育の大切さを痛感したからです。

英語には敬語が存在しないと誤解されることもありますが、実際には存在します。英語にも、目上の人に使うていねいな話し方と、友人などに使うカジュアルな話し方とがあるのです。

ですから英語圏でも、日本と同じように目上の人に対する言葉遣いはまわりから見られていますし、その人の印象を大きく左右します。

娘が留学する際には、先生やホストファミリーとの会話のために「英語の敬語」について解説した本を何冊も買って持たせました。

★「おままごと」で、さまざまなシーンを疑似体験させる

わが家で、子どもたちに敬語を教える際に役立った遊びがあります。

それは、ごっこ遊び、いわゆる「おままごと」です。

先生と生徒、お医者さんと患者さん、店員さんとお客さんなどの関係性を設定して遊ぶと、自然と敬語での会話が生まれます。そのなかで、子どもがカジュアルな言葉を遣ったら「病院では、みんなもっとていねいに話しているんだよ」などと、注意するという雰囲気を出さずに教えることができます。

また、お人形に悪いことをさせたり、ケンカをさせたりすれば、「すみませんでした」「ごめんなさい」と謝ったり、「いいですよ」と相手を許してあげたりする練習になり

ます。

本当のきょうだいゲンカで謝らせるのは大変ですが、お人形を使ったごっこ遊びなら、すんなり教えることができます。

ごっこ遊びにつき合うのは結構苦痛ですが（少なくとも私には苦痛でした）、挨拶や敬語、マナーを身につけさせるためだと思えば、心が折れずにすみます。

また、ごっこ遊びでは、電話のかけ方や買い物でのお金のやりとり、お医者さんに病気の症状を伝える方法など、日常生活で必要なやりとりも練習させることができます。

せっかくの練習を無駄にしないよう、わが家では小学2年生くらいから子どもたちに習い事の日程変更や歯医者さんの予約などの電話連絡をさせていました。

はじめのうちは、実際に電話をする前に想定される会話を教え、練習してから本番に臨ませ、電話中も横でサポートしていましたが、いつの間にか私がいなくても自分でできるようになっていました。

44

「親の自立」のために、子離れの期限を設定する

子育てのゴールは、親子がおたがいに「子離れ」「親離れ」をきちんとして、ともに自立することでしょう。

ここまでは、しつけを通じて子どもを「親離れ＝自立」に導く方法をお伝えしてきました。本書の最後に、親が子離れする際のポイントについて解説しましょう。

私が考える子離れとは、**「この子のポテンシャルはしっかり伸ばした。基本的なマナーやスキルは身につけさせた。まわりの人の助けを借りたり、教えを請いながら自分の夢に向かっていく力がついたから、この子はもう私がいなくても大丈夫！」**と思える状態になったときにそっと手を離すことです。

ここで言う「この子はもう私がいなくても大丈夫！」をもう少し具体的に説明する

と、子どもが次の5つの能力を身につけた状態のことです。

1 自分で善悪の判断がつく
2 危険を察知し、それを回避できる
3 しなければならないことに責任を持って前向きに取り組み、達成する行動力
4 1人で頑張るだけでなく、必要に応じてまわりに助けてもらえる人脈を作れる
5 自分の考えを相手に伝えられるコミュニケーション力

もしお子さんが、この5つの能力を身につけられたと確信したら、それ以降は子どもを信頼して、助けを求めてくるまでは口を出さずに見守ることが大切です。

★子離れできない人の特徴

とはいえ、簡単に子離れができない人がいることも事実です。子離れがうまくいかない親には次の3つの特徴があります。

1つめは、子どもが思春期になって自立しようとしているのにもかかわらず、「心配している」と言いながら過干渉してしまう人です。一見子どものために何かをしてあげようという親心にも見えますが、実際は親自身が不安な気持ちを抑えられず、子どもを信じきれないことが原因です。

2つめは、自分が大変な思いをして産み、育ててきた子どもを「自分の分身」だと錯覚している人です。わが子を「他者」と捉えて尊重することができず、自分の所有物だと勘違いしてしまっているのです。

3つめは、「愛おしいわが子に失敗や挫折など悲しい思いや辛い思いをさせたくない」という感情が強すぎる人です。子どもを守りたい一心で、友人関係から学校の勉強、プライベートなことまですべてを知りたがり、些細な問題にも介入せずにはいられなくなるのです。

「これは子どものため」「私がいなくなったらこの子は何もできないのではないか」と思い込み、子どもが自分で判断できることでも先まわりしてあれこれ口を出してしまう。いわゆる過干渉の毒親です。

また、親の過干渉は、「親離れできない子」を生む原因にもなります。

親があれこれ口を出してすべてをコントロールしてきてしまったせいで、何か問題が起きたときに自分で解決しようとする主体性がなく、「親に相談しなくては」とか、「親がなんとかしてくれる」と依存してしまうのです。

長年、親の支配下に置かれていると、「自分の意思を発信できない」「自分で物事を判断できない」「失敗が怖くてチャレンジできない」となってしまい、精神的に自立できなくなってしまうのです。

★早い段階でゴールを設定することが重要

そうならないためには、親離れ・子離れの期限を早い段階で設定し、子どもが小さ

いうちからそれに向けて準備をしておくことが大切です。

たとえばアメリカでは、大学生になると親元を離れて寮生活やひとり暮らしをするのが一般的です。ですから親も子どももかなり早い段階で高校卒業後の自立を視野に入れて、精神的な準備、技能的な準備をしはじめます。

私自身も子離れの時期を、息子は大学進学予定の18歳、娘は留学予定の15歳と設定して育ててきました。子どもたちにもそう話してきたので、その時期に合わせた「自立」をおたがいが視野に入れて準備していました。

そのおかげで、わが家では計画どおりに子離れと親離れができました。もちろん、2人が高校、大学時代にもこちらからアドバイスすることはありましたが、精神的な自立は設定した年齢でほぼ達成できていたと思います。

45

子育て卒業後の人生を楽しみに過ごす

子離れの準備として、もう1つ有効な方法があります。

それは、子どもが巣立ったあとの楽しみを見つけ、具体的な計画を立てておくことです。

仕事に没頭するのもよし、趣味を見つけたり、習い事をはじめる準備をしておくこともいいでしょう。こうして先を見据えてワクワクした気持ちでいると、精神的に子どもに依存することがなくなります。

また、こういった計画を立てておけば、子どもが自立したあとに自分を受け入れてくれる新たなコミュニティも見つけやすくなります。

私の両親は、私が自立してからゴルフに行ったり、温泉旅行に出かけたりとのんびり楽しそうに暮らしていました。私もその姿を見て、第二の人生をそんなふうに過ごせるのは理想的だなと思っていました。

また、「リタイア後に旅をしながら気に入った土地を探し、ダウンサイズした家を購入して終の住処とする」という話をアメリカで聞いた母は、父と相談して田舎の土地を処分し、東京に移住しました。

私もそんな両親にすっかり感化されて、「子離れをしたら、きれいな海のある南の島に住んで、自由な生活を楽しみたい」という夢をウィッシュリストに書き込みました。

そして、娘の20歳の誕生日のお祝いとして家族で沖縄旅行をしたときに、息子に本島を車で1周してもらい、その場で移住先を決めて3カ月後に引っ越しました。

ときには「離れて暮らす子どもたちに会いたい」と思うこともありますが、2人とも忙しく生活しているのがわかっているので、なるべくこちらからは連絡しないように心がけています。

現在私は、オンラインで仕事をしながら、沖縄でできた新たなお友だちとの時間も楽しんでいるので、とても充実した「子育て卒業生活」を送れています。

★「NOはNO」の精神で具体的な計画を立てる

計画を立てるときに大切なのは、第4章でもお伝えした「NOはNO」の精神と、第5章で紹介した「ウィッシュリスト」です。

私自身、「リタイア後に南の島に移住する」という希望が芽生えたとき、実現性についてはいっさい考えませんでした。「どうせ無理だろう」と思った瞬間に夢は叶わなくなるからです。そして、それを忘れないようウィッシュリストに書き込んでつねに意識した結果、沖縄に移住することになったのです。

大人になると、現実がよく見えるし、リスクを先に考えるようになりますが、そういった固定観念を一度外して考えると、子育て後の未来が楽しみになります。

COLUMN 7

食事のマナー

第7章では、基本的な生活習慣やマナーを身につけるための方法をお伝えしてきましたが、触れなかったことの1つに食事のマナーがあります。

私は、親に食事のマナーを厳しく教えられたことを感謝しているので、子どもが将来一緒に食事をした人を不快にしないよう、基本的なことを厳しめに教えました。

基本的なこととは、箸の持ち方や食事中立ち上がらないこと、くちゃくちゃ音を立てて食べないことなどです。こういったことは、どこのご家庭でも教えていらっしゃると思いますし、保育園、幼稚園などでも教えてくれているのではないでしょうか。

迷うのは、テーブルマナーです。

「大人になってからでも十分」という人もいると思いますが、可能であれば小学校高学年から中学校くらいのタイミングで教えておいたほうがいいと私は考えています。

★10歳前後になったらテーブルマナーを教える

そう思うにいたったのは、アメリカにいたころ多くの家庭が、子どもが10歳くらいになるとテーブルマナーを教えていたのを目にしたからです。

アメリカでは、ワインや食事を楽しむための大人向けのレストランに小さな子どもを連れて行くことはタブーとされているので、親がそのようなお店で食事をする際は、子どもはベビーシッターに預けられてお留守番をしなければなりません。つまり、マナーが守れない小さなうちは、ファミリー向けのレストランでしか外食できないのです。その年代の子どもには、どの家庭も特段テーブルマナーを教え込むようなことはしていませんでした。

しかし、場をわきまえた立ち居振る舞いができる10歳前後になると、一流レストランへのデビューも許されるので、子どもたちはその場にふさわしい振る舞いをするよう少しずつ学んでいくのです。

それに倣って、わが家でも子どもが10歳を過ぎたころ一流レストランにデビューさせました。とはいえ頻繁に行けるわけではありませんから、事前に簡単なマナーをレクチャーし、レストランで実践するというふうにしました。

日本企業に就職した上の息子は、「社会に出てからこの経験がとても役に立った」を言っていました。

日本に限らず、どこの国に行っても人間関係を深めるための会食の文化は存在します。その際、食事のマナーが身についている人といない人とでは、印象が大きく変わってきます。ついあとまわしにしてしまいがちですが、ぜひ機会を見つけてお子さんにテーブルマナーを教えてみてください。

おわりに

最後まで読んでいただき、ありがとうございました！

私は親として、子育て中はゴルフのキャディのように子どもに伴走し、成人して自立したのちは、出港していく船を信頼して送り出す「港」のような存在になろうと考えてきました。

子育て期間中の親は、ゴルフの新米プレイヤー（子）の練習コースにつき合いながらまわるキャディです。

キャディ（親）はコースをよく知る先輩として、プレイヤー（子）にゴルフ（人生）のルールやマナーを教えることからはじまり、バンカーやラフ、池ポチャ（人間関係や進路などさまざまな悩み）といった難関を乗りきるために、どのクラブでどう打つのかを教え、実践練習に何度も何度もつき合います。

たとえ、うまくいかないことが続いたとしても、キャディが代わりにクラブを振ってあげることはできません。何度失敗しても、ガミガミと責めたり、イライラして見捨てたりすることなく、笑顔でやさしく寄り添って応援し続けていれば、途中棄権することなく最終ホールまで進むことができるのです。

私自身のキャディライフは、２０２３年夏、娘が大学を卒業し、社会に出た瞬間に終わりました。そして今私は子どもたちにとって安心できる「港」になろうとしています。

子どもたちが舵を取る船は、つねに明かりを灯して見守ってくれる港があるからこそ安心して大海原に出ていくことができます。

ときには、空っぽになった燃料や水を補給するために立ち寄ることもありますが、それはほんの束の間。またすぐに出航して、水平線の向こうへと消えていきます。私はその姿を、毎回頼もしく見送ることしかできません。

「海図を読み間違えずに進んでいるかな?」「座礁していないかな?」と、ふと不安になることもありますが、「まぁ、あの船なら大丈夫でしょう」と思える今は、とても幸せです。

こんなことを書いてはいますが、私たち親子の人生もずっと順調だったわけではありません。

たとえば、アメリカから帰国し離婚してから1年ほどはまったく余裕がなく、私がすべて主導権を握り、「起床→朝食→登園→帰宅→明日の準備→おもちゃの片つけ→歯磨き→入浴→就寝」といったルーティンをただただ繰り返すだけの毎日でした。そして、子どもがそこから外れるようなことをすると、「これはやっちゃダメ!」「なんで今、それをするの?」などと叱責していました。

また、娘が思春期に入ったころまったく勉強しなくなった時期がありました。そのときも子どもの気持ちに寄り添うことを忘れてしまい、自分の感情を抑えられずに、怒鳴ったり、手を上げてしまったりしたこともありました。

どちらのときも、ふとしたことからアメリカで出会った先輩ママたちの教えを思い出し正気に戻って反省しました。

また、娘が望んだ留学ではありましたが、15歳の少女を海外に送り出すことは、私にとって非常に辛い経験でした。すぐに会えない寂しさはもちろん、娘が助けてほしいときにそばにいてあげられないもどかしさで涙を流す日も多々ありました。

しかし、それと同時に娘が新しい環境で成長していく姿や、自分の人生を自分で切り拓いていける「自己実現力」が身についたことに対する喜びも感じました。

「子育て」とは、たんに子どもを育てることではありません。さまざまな失敗や喜びを経験することで親自身が成長することでもあるのです。

子どもが未熟なように、私たち大人も「親」としては未熟です。私自身もそうですが、何度も道を間違い、そのたびに軌道修正しながら成長していけばいいのです。

本書が、読者のみなさんとお子さんの幸せを追求するための指針となることを願っています。

著者

【著者紹介】
高松　ますみ（たかまつ・ますみ）

◉——株式会社スパークリングキッズ代表取締役。元夫の赴任先、米国・バージニア州で出産と子育てを経験。アメリカのハイクラス家庭が実践する「子どもを尊重する子育て」に感銘を受け、その考え方を学び体系化する。帰国後は協調性や自制心が重視される日本社会でも通じるよう、アメリカ式の子育てをアレンジした独自の子育てを実践。その結果、英才教育をいっさい施すことなく、長女は単身でアメリカの高校に留学し、２年連続で「全米優秀生徒賞」を受賞。その後全米No.１の公立大学「カリフォルニア大学ロサンゼルス校（UCLA）」に特待生として進学。長男は早稲田大学入学後、交換留学生としてUCLAで学ぶかたわら、バックパッカーとして世界中を旅した。

◉——自身は、長男６歳、長女２歳のときに離婚を経験。以来20年間シングルマザーとして、英会話教室経営や元F1ドライバー片山右京氏主催のチャレンジスクールのマネージャーなどの仕事をしながら女手ひとつで２人の子育てを行ってきた。

◉——一方で、仕事を通じて多くの親子と関わりができ、自身の子育て法をもとにしたアドバイスを行うようになる。それが評判となったことがきっかけで、潜在的な生きる力を体系的にはぐくむ子育て法、「マミーメソッド」®を確立。2020年にそのノウハウをより多くの人に役立ててもらおうと、株式会社スパークリングキッズを設立。SNSと口コミだけで評判が広がり、国内外から多数の受講者が殺到。これまで延べ１万人以上の親子の悩みを解決してきた。

高卒《こうそつ》シングルマザーがわが子《こ》を
UCLA特待生《とくたいせい》に育《そだ》てた45の方法《ほうほう》

2023年９月20日　第１刷発行

著　者——高松　ますみ
発行者——齊藤　龍男
発行所——株式会社かんき出版
東京都千代田区麴町4-1-4 西脇ビル　〒102-0083
電話　営業部：03(3262)8011㈹　編集部：03(3262)8012㈹
FAX　03(3234)4421　振替　00100-2-62304
https://kanki-pub.co.jp/

印刷所——ベクトル印刷株式会社

 ISBN978-4-7612-7691-1 C0037